고사성어
쓰기 교본

고사성어 쓰기 교본

초판 1쇄 발행 | 2025년 10월 31일

엮은이 | 편집부

발행인 | 김선희 · 대 표 | 김종대
펴낸곳 | 도서출판 매월당
책임편집 | 박옥훈 · 디자인 | 윤정선 · 마케터 | 양진철 · 김용준

등록번호 | 388-2006-000018호
등록일 | 2005년 4월 7일
주소 | 경기도 부천시 소사구 중동로 71번길 39, 109동 1601호
　　　 (송내동, 뉴서울아파트)
전화 | 032-666-1130 · 팩스 | 032-215-1130

ISBN 979-11-7029-263-0 (13710)

고사성어 쓰기 교본

편집부 엮음

매월당

고사성어는 과거와 현재를 이어주는
징검다리 역할을 한다

현재 우리가 사용하고 있는 어휘의 70퍼센트 이상이 한자로 되어 있다는 것은 우리나라의 거의 모든 학문과 생활 역시 한자 문화의 영향권 아래 있다는 것을 입증하는 동시에, 한자를 이해하지 않고서는 우리의 역사, 학문, 그리고 일상생활에 있어서의 의사소통 역시 정확히 이해할 수 없다는 것을 의미하는 것이다.

최근 들어 한자 교육에 대한 새로운 관심이 늘어나면서 한자를 공부하려는 학생들이 늘어나고 있는데, 이는 우리나라를 포함한 동양의 옛 문화를 이해하고 현재의 우리를 이해하기 위한 가장 기본적인 자세라고 말할 수 있을 것이다.

그렇다면 광범위한 한자 중에서 무엇을 먼저 공부하는 것이 가장 효율적이며 흥미로울 것인가를 고민하지 않을 수 없다. 왜냐하면 오늘날에는 넘쳐나는 지식과 정보의 진위를 가리고 꼭 필요한 것을 효율적으로 취사선택하며, 이를 체계적으로 요약해 잘 활용하는 방법을 체득해야 하기 때문이다.

그 방법을 효율적으로 익히기 위한 대안으로, 가장 먼저 사자성어의 학습과 활용을 적극적으로 권하고 싶다. 사자성어는 4자로 된 한자성어를 지칭한다. 그 범위는 4자로 된 고사성어를 포함해 시대의 변화에 따라 고사성어를 유추한 것과 이와 별도로 새로이 만들어져 널리 사용되는 것을 포괄한다.

고사성어란 한 마디로 옛날에 있었던 이야기나 사건에서 연유한 말이며, 그 유래는 중국뿐만 아니라 우리나라에서 자생한 것들도 많다. 이러한 말들은 교훈이나 경구, 비유나 상징어 등으로 기능하고, 또 관용구나 속담으로 쓰여 표현을 풍부하게 꾸며준다.

또한 고사성어는 수천 년을 두고 우리 선현들이 겪은 다양한 인생 경험과 가치 있는 철학과 처세관 등을 단 몇 자의 단어로 잘 응축해 놓은 것이다. 비유컨대 슈퍼컴퓨터에나 보관할 수 있는 방대한 분량의 데이터를 '고사성어'라는 파일에 간편하게 압축해 둔 것과 같은데, 이 압축 파일을 풀면 언제나 무한정의 유용한 지식과 정보를 수시로 꺼내볼 수 있는 것이다. 그러므로 우리는 이를 바탕으로 현재나 미래에 새롭게 얻게 되는 많은 분량의 지식과 정보를 다시 고사성어 형식으로 재압축해 상호 간에 신속하게 교류하고 후손에게 전해 줄 수도 있다.

따라서 고사성어는 과거와 현재를 이어주는 징검다리 역할을 할 뿐만 아니라 미래의 지식정보 사회에서도 가장 이상적인 언어 체계로 무궁무진하게 활용할 수가 있다. 이는 또 '옛것을 익히고 새로운 것을 배워야 참된 스승이나 지식인이 될 수 있다.'는 '온고지신가이위사溫故知新可以爲師'와 '널리 배우고 상세하게 풀어나가되 이를 잘 요약해야 한다.'는 '박학설약博學說約'의 정신과도 부합되는 것이다.

고사성어는 반드시 그 역사적인 유래나 사상적인 배경 등을 숙지하고 이를 사용한 전고典故(전례와 고사를 아울러 이르는 말)를 알아야 이해할 수 있고, 또한 이 고사성어를 유추한 새로운 성어의 뜻 또한 이해할 수가 있다. 예컨대 오월동주吳越同舟는 《손자병법孫子兵法》의 〈구지편九地篇〉에 나오는 이야기로, 그 뜻은 '오나라와 월나라는 원수처럼 미워하는 사이지만 그들이 같은 배를 타고 바다를 나갔다가 풍랑을 만난다면 원수처럼 싸우지 않을 것이며, 오히려 서로 긴밀히 도울 것이다.'라는 뜻이다.

그렇다면 왜 오늘날에도 많은 사람들은 변함없이 고사성어에 관심을 가지고 애용하는 것일까? 그 까닭은 고사성어 속에는 선현들의 역사와 철학은 물론이고 삶의 지혜가 숨겨져 있고, 또 자신들의 뜻이나 말을 압축적으로 표현하면서도 외우기 쉬운 매력을 지니고 있기 때문이다. 이러한 이유에 부응해 이 책 《고사성어 쓰기 교본》을 만들게 되었다.

　이 책에서는 중·고등학교 국어와 한문 등의 교과서에 실린 고사성어를 우선 가려 뽑고, 또한 젊은 세대들이 보다 더 쉽고 체계적으로 익힐 수 있도록 일상 언어생활에서 자주 사용하는 고사성어 250개를 선별해 수록했다. 그리고 부록에는 〈한 자에 둘 이상의 다른 음이 있는 글자同字異音語〉와 〈혼동하기 쉬운 한자〉, 〈뜻이 비슷하거나 반대되는 한자·한자어〉, 〈5급~8급 한자 필순〉 등을 수록해 한자에 대한 기본과 기초를 다시 한번 점검하고 다질 수 있도록 구성했다.

차 례

한자의 육서

육서六書란 한자를 만든 원리를 말하는데, 한자漢字의 기원이 상형문자象形文字라는 것은 널리 알려진 사실이다.

아주 오랜 고대에 인류는 단순한 언어만으로는 의사소통 및 문화 전수에 한계를 느끼게 되었고, 그런 절실한 필요에 의해 문자를 만들어 쓰기 시작하였다. 그런데 그때의 문자는 눈에 보이는 사물의 모양을 본떠서 만든 상형문자가 전부였던 것이다.

예를 들면 '해'를 표현할 때는 해의 그림을 그려서 표현하였는데, 그런 그림이 점점 변하여 문자가 된 것이다.

그런데 인지人智가 발달하고 사회가 복잡해지면서 점차로 여러 가지 개념들을 표현할 필요가 생기게 되었고, 그에 따라 기존의 한자보다 훨씬 많은 수의 글자가 필요하게 되었다. 때문에 몇 가지 일정한 원리에 따라 한자를 만들어 쓰게 되었는데, 《설문해자說文解字》의 저자인 허신許愼은 한자가 만들어진 원리를 '한자 구성 요소의 결합에 따라 여섯 가지 종류'로 나누었다. 이를 '육서六書'라고 한다. 즉 다시 말하면, 육서란 '한자를 만든 여섯 가지 원리'이다.

상형문자象形文字

사물의 모양을 그대로 본떠서 그려낸 가장 기초적인 글자를 상형문자라고 한다. 그리고 상형문자에 속하는 상당수의 글자들이 한자의 부수部首 역할을 한다.

예 山, 川, 水, 日, 月, 木, 人, 手, 心, 耳, 目, 口, 自, 足. 米, 門, 車

지사문자 指事文字

상징적인 부호를 사용해서 구체적 사물의 모양으로 표현이 안 되는 추상적인 개념들을 표시한 문자를 지사문자라고 한다. 지사문자의 특징은 먼저 추상적인 의미를 표현하는데, 굽고 곧은 선이나 점 등으로 표시하고, 상형문자와 함께 글자의 모양을 더 이상 쪼갤 수 없는 것이 특징이다.

예 一, 二, 三, 五, 七, 十, 上, 中, 下, 本, 末, 刃, 引

회의문자 會意文字

이미 만들어진 둘 이상의 한자를, 뜻에 따라 합하여 하나의 문자로 만들어 다른 뜻을 나타내는 것을 회의문자라 한다.

예 木＋木＝林('나무'들이 합쳐져 '수풀'을 이룸), 森(나무 빽빽할 삼)

日＋月＝明('해'와 '달'이 합쳐져 '밝다'는 뜻이 됨)

田＋力＝男('밭 전'자와 '힘 력'자가 합쳐져 '사내, 남자'의 뜻이 됨), 休(쉴 휴),
臭(냄새 취), 突(갑자기 돌), 取(가질 취) 등.

형성문자 形聲文字

한쪽이 음을 나타내고 다른 한쪽이 뜻을 나타내는 것을 형성문자라 하는데, 한자 중에서 형성문자가 가장 많다.

예 問＝門(음)＋口(뜻), 聞＝門(음)＋耳(뜻)

梅＝木(뜻)＋每(음), 海＝水(뜻)＋每(음)

淸＝水(뜻)＋靑(음), 請(청할 청), 晴(갤 청), 鯖(청어 청), 菁(부추꽃 청)

花＝艸(뜻)＋化(음)

勉＝免(음)＋力(뜻)

전주문자轉注文字

'전주'라는 단어에서 보듯이, 전轉(구를 전)이란 수레바퀴가 구르는 것처럼 뜻이 굴러서 다른 뜻으로 변하는 것이고, 주注(물댈 주)란 그릇에 물이 넘쳐흐르듯 다른 뜻으로 옮겨 흐른다는 것을 말한다. 즉 기존 글자의 원뜻이 유추, 확대, 변화되어 새로운 뜻으로 바뀌는 것을 말하는데, 뜻뿐만 아니라 음도 바뀌는 경우가 있다.

뜻만 바뀌는 경우

注[물댈 주] : 주注는 물을 댄다는 뜻이 본뜻이었는데, 그 의미가 확대되어 주목한다는 뜻으로 전의되어 주목注目, 주시注視와 같이 쓰인다. 거기에 또다시 전의되어 주해注解, 주석注釋과 같이 자세히 푼다는 뜻으로 쓰인다.

天[하늘 천] : 천天은 본시 하늘이라는 뜻이었는데 전의되어 자연이라는 뜻으로 쓰인다. 천연天然의 天이 그 예이다. 그런데 이 문자는 또다시 출생出生, 발생發生의 뜻으로 유추되어 쓰이는데 선천先天, 후천後天이 그 예이다.

뜻과 음이 함께 바뀌는 경우

說[말씀 설] : 설說의 본뜻은 말씀이다. 말씀으로써 다른 사람을 달래기 때문에 달랜다는 뜻으로 쓰인다. 이때의 음은 '세'인데 유세遊說가 그 예이다.

樂[풍류 악] : 악樂의 본뜻이 '풍류'로 음은 '악'이다. 음악을 듣는 것은 즐거운 일이기 때문에 즐긴다는 뜻으로도 쓰이는데, 이때의 음은 '락'이다. 또한 즐거운 것은 누구나 좋아하기 때문에 좋아한다는 뜻으로도 쓰인다. 이때의 이름은 '요'이다.

惡[악할 악] : 악惡은 본시 악하다는 뜻으로 음이 '악'이었는데 악한 것은 모두 미워하는 것이기 때문에 미워한다는 뜻으로 쓰이기도 한다. 이때의 음은 '오'이다. 증오憎惡, 오한惡寒이 그 예이다.

가차문자假借文字

가차는 '가짜로 빌려 쓰다.' 라는 뜻 그대로, 기본적으로 발음이 같은 개념을 빌려 쓰거나, 글자 모양을 빌리는 등 외국어의 표기에 사용하고, 의성어나 의태어와 같은 부사어적 표현에도 쓰인다. 즉, 뜻글자[表意文字]로서 발생하는 한계를 극복해 준 개념으로서, 이로 인해 외국과의 문자적 소통이 가능하게 되었는데, 현재 우리의 생활 속에서 사용되는 많은 외래어가 이 가차의 개념을 도입하여 표기하고 있다. 전주와 가차의 활용은 한자의 발전 과정 속에서 매우 큰 역할을 하였는데, 이 원리의 발견으로 인해 한자가 동양에서 가장 확실한 문자文字로서 발전할 수 있었다고 할 수 있을 것이다.

例 달러DOLLAR → 불弗

아시아ASIA → 아세아亞細亞

인디아INDIA → 인도印度

프랑스FRANCE → 법랑서法朗西 → 법국法國 → 불란서佛蘭西

도이칠란드DOUTCHILAND → 덕국德國 → 독일獨逸

잉글랜드ENGLAND → 영격란국英格蘭國 → 영길리英吉利 → 영국英國

필순의 일반적인 원칙

한자의 필순

한자漢子를 쓸 때의 바른 순서를 필순이라 한다. 한자를 바른 순서에 따라 쓰면 가장 쉬울 뿐만 아니라, 쓴 글자의 모양도 아름답다.

필순의 기본적인 원칙

1. 위에서 아래로 쓴다.

言 (말씀 언) : 言 言 言 言 言 言 言

三 (석 삼) : 三 三 三

客 (손 객) : 客 客 客 客 客 客 客

2. 왼쪽에서 오른쪽으로 쓴다.

川 (내 천) : 川 川 川

仁 (어질 인) : 仁 仁 仁 仁

外 (바깥 외) : 外 外 外 外 外

필순의 여러 가지

1. 가로획과 세로획이 겹칠 때는 가로획을 먼저 쓴다.

    木 (나무 목) : 一 十 才 木

    土 (흙 토) : 一 十 土

    共 (함께 공) : 一 十 廾 共 共 共

    末 (끝 말) : 一 二 丰 末 末

2. 가로획과 세로획이 겹칠 때 다음의 경우에 한하여 세로획을 먼저 쓴다.

    田 (밭 전) : 丨 冂 日 田 田

3. 한가운데 부분은 먼저 쓴다.

    小 (작을 소) : 小 小 小

    山 (뫼 산) : 丨 山 山

    水 (물 수) : 丨 水 水 水

    ＊예외인 경우 : 火 (불 화) : 火 火 火 火

4. 몸은 먼저 쓴다.

    안을 에워싸고 있는 바깥 둘레를 '몸' 이라고 하는데, 몸은 안보다 먼저 쓴다.

    回 (돌아올 회) : 回 冂 日 回 回 回

    固 (굳을 고) : 固 固 日 固 固 固 固

5. 삐침은 파임보다 먼저 쓴다.

    人 (사람 인) : 人 人

    文 (글월 문) : 文 文 文 文

    父 (아비 부) : 父 父 父 父

6. 글자 전체를 꿰뚫는 획은 나중에 쓴다.

中 (가운데 중) : 丨 冂 口 中

事 (일 사) : 一 戸 戸 亘 写 写 事

女 (계집 녀) : 乙 女 女

母 (어미 모) : 乚 马 马 母 母

*예외인 경우 : 世 (세상 세) : 一 十 卄 卄 世

특히 주의해야 할 필순

1. 삐침은 짧고 가로획은 길게 써야 할 글자는 삐침을 먼저 쓴다.

右 (오른 우) : 丿 ナ 才 右 右

有 (있을 유) : 丿 ナ 才 右 有 有

2. 삐침은 길고 가로획은 짧게 써야 할 글자는 가로획을 먼저 쓴다.

左 (왼 좌) : 一 ナ ナ 左 左

友 (벗 우) : 一 ナ 方 友

3. 받침을 먼저 쓰는 경우.

起 (일어날 기) : 土 井 走 走 走 起 起

勉 (힘쓸 면) : 勿 쇼 쇼 免 免 免 勉

4. 받침을 나중에 쓰는 경우.

遠 (멀 원) : 土 吉 志 袁 袁 袁 遠

近 (가까울 근) : 丘 斤 斤 斤 沂 沂 近

建 (세울 건) : 긏 聿 聿 聿 書 建 建

5. 오른쪽 위의 점은 나중에 찍는다.

犬 (개 견) : 一 ナ 大 犬

伐 (칠 벌) : 伐 伐 代 代 伐 伐

成 (이룰 성) : 成 厂 厂 成 成 成 成

한자 해서의 기본 점과 획

점·획	이름				이름	획			보기
`	꼭지점				치킴	ノ			凍
'	왼점				파임	ヽ			八
ﾍ	오른점				받침	ㄴ			進
ﾍ	치킨점				지게다리	亅			式
一	가로긋기				굽은갈고리	亅			手
丨	내리긋기				새가슴	ﾟ			兄
丿	왼갈고리				누운지게다리	乀			心
亅	오른갈고리				새을	乙			乙
一	평갈고리				봉날개	ﾟ			風
ㄱ	오른꺾음				좌우꺾음	㇇			弓
ㄴ	왼꺾음			
ㄱ	꺾음갈고리			
フ	꺾어삐침			
ノ	삐침			

보기 글자: 字 小 六 心 王 川 水 民 足 日 亡 力 又 九

영자 팔법

永

① 점
② 가로획
⑤ 치킴
⑥ 삐침
④ 갈고리
③ 세로획
⑦ 짧은삐침
⑧ 파임

영자 팔법永字八法 : '永'자 한 자를 쓰는데, 모든 한자에 공통하는 여덟 가지 운필법運筆法이 들어 있음을 말한다.

家	家	户	户
집 가	집 가	집 호	집 호
家家宋宇家家家	家家宋宇家家家	户户户户	户户户户
家 家 家 家		户 户 户 户	

가가호호

집집마다.

刻	舟	求	劍
새길 각	배 주	구할 구	칼 검
刻刻亥亥亥刻刻	舟舟舟舟舟舟	求才才求求求求	劍劍劍劍劍劍劍
刻 刻	舟 舟	求 求	劍 劍

각주구검

판단력이 둔하여 융통성이 없고 현실에 맞지 않는 낡은 생각을 고집하는 어리석음을 이르는 말.

016

艱	難	辛	苦
어려울 간	어려울 난(란)	매울 신	쓸 고
艱艱艱艱艱艱艱	難難難難難難難	辛辛辛辛辛辛辛	苦苦苦苦苦苦苦
艱 艱	難 難	辛 辛	苦 苦

간난신고

몹시 고되고 어렵고 맵고 쓰다는 뜻으로, 몹시 힘든 고생을 이르는 말.

肝	膽	相	照
간 간	쓸개 담	서로 상	비칠 조
肝肝肝肝肝肝肝	膽膽膽膽膽膽膽	相相相相相相相	照照照照照照照
肝 肝	膽 膽	相 相	照 照

간담상조

간과 쓸개를 내놓고 서로에게 내보인다는 뜻으로, 서로의 마음을 터놓고 격의 없이 지내는 사이라는 뜻.

甘	呑	苦	吐
달 **감**	삼킬 **탄**	쓸 **고**	토할 **토**
甘 甘 甘 甘 甘	呑 呑 呑 呑 呑 呑 呑	苦 苦 苦 苦 苦 苦 苦	吐 吐 吐 吐 吐 吐
甘 甘	呑 呑	苦 苦	吐 吐

감탄고토

달면 삼키고 쓰면 뱉는다는 말로, 사리에 옳고 그름을 돌보지 않고, 자기 비위에 맞으면 취하고 싫으면 버린다 는 뜻.

甲	男	乙	女
갑옷 **갑**	사내 **남**	새 **을**	여자 **녀**
甲 甲 甲 甲 甲	男 男 男 男 男 男 男	乙	乙 乙 女
甲 甲	男 男	乙 乙	女 女

갑남을녀

'갑'이라는 남 자와 '을'이라 는 여자의 뜻 으로, 신분이나 이름이 알려지 지 아니한 그 저 평범한 사 람들을 이르는 말. 장삼이사 張三李四, 필부 필부匹夫匹婦

去	頭	截	尾
갈 거	머리 두	끊을 절	꼬리 미
去去去去去	頭頭頭頭頭頭頭	截截截截截截截	尾尾尾尾尾尾尾
去 去	頭 頭	截 截	尾 尾

거두절미

머리와 꼬리를 잘라버린다는 뜻으로, 앞뒤의 잔사설을 빼놓고 요점만을 말함 또는 앞뒤를 생략하고 본론으로 들어감.

居	安	思	危
살 거	편안 안	생각 사	위태할 위
居居居居居居居	安安安安安安	思思思思思思思	危危危危危危
居 居	安 安	思 思	危 危

거안사위

편안할 때에도 위험과 곤란이 닥칠 것을 생각하며 미리 대비해야 함.

見	利	思	義
볼 견	이로울 리	생각 사	옳을 의
丨冂冂目目貝見	一千禾禾利利	丨冂田田田思思	羊羊羊羊義義義
見 見	利 利	思 思	義 義

견리사의

눈앞에 이익이 보일 때, 먼저 그것을 취함이 의리에 합당한 지를 생각하라는 말.

犬	馬	之	誠
개 견	말 마	갈 지	정성 성
一ナ大犬	丨厂厂厂馬馬馬	丶亠之	訁訁訂訢誠誠誠
犬 犬	馬 馬	之 之	誠 誠

견마지성

개나 말의 정성이라는 뜻으로, 임금이나 나라에 바치는 정성. 또는 자기가 바치는 정성을 아주 겸손하게 일컫는 말. 견마지로犬馬之勞, 견마지심犬馬之心

見	蚊	拔	劍
볼 견	모기 문	뽑을 발	칼 검
ㅣ ㄲ ㄲ 目 目 貝 見	口 虫 虫 虫 虻 蚊 蚊	扌 扌 扌 扙 扚 拔 拔	人 今 今 侖 侖 僉 劍
見 見	蚊 蚊	拔 拔	劍 劍

견문발검

모기를 보고 칼을 뺀다는 뜻으로, 작은 일에 지나치게 큰 대책을 세우거나 조그만 일에 화를 내는 소견이 좁은 사람을 일컫는 말.

犬	兎	之	爭
개 견	토끼 토	갈 지	다툴 쟁
犬 大 大 犬	兎 兎 兎 兎 兎 兎 兎	之 之 之	爭 爭 爭 爭 爭 爭 爭
犬 犬	兎 兎	之 之	爭 爭

견토지쟁

개와 토끼의 다툼이라는 뜻으로, 두 사람의 싸움에 제삼자가 이익을 본다는 뜻. 어부지리漁父之利, 방휼지쟁蚌鷸之爭

結	者	解	之
맺을 결	놈 자	풀 해	갈 지
結 結 結 結 結 結	者 者 者 者 者 者	解 角 解 解 解 解	之 之 之
結 結	者 者	解 解	之 之

결자해지

일을 맺은 사람이 풀어야 한다는 뜻으로, 자기가 저지른 일은 자기가 해결해야 한다는 말.

謙	讓	之	德
겸손할 겸	사양할 양	갈 지	큰 덕
謙 謙 謙 謙 謙 謙	讓 讓 讓 讓 讓 讓	之 之 之	德 德 德 德 德 德
謙 謙	讓 讓	之 之	德 德

겸양지덕

겸손한 태도와 사양하는 미덕.

敬	而	遠	之	**경이원지**
공경 경	말 이을 이	멀 원	갈 지	겉으로는 공경
敬敬敬芍苟敬敬	而而而而而而	遠遠袁袁袁袁遠	之之之	하는 체하면서 속으로는 멀리 함을 이르는 말.
敬 敬	而 而	遠 遠	之 之	

驚	天	動	地	**경천동지**
놀랄 경	하늘 천	움직일 동	땅 지	하늘을 놀라게
驚驚驚驚驚驚驚	天天天天	動動動動動動動	地地地地地地	하고 땅을 움 직이게 한다 는 뜻으로, 몹 시 세상을 놀 라게 함을 이 르는 말.
驚 驚	天 天	動 動	地 地	

鷄	口	牛	後
닭 계	입 구	소 우	뒤 후
鷄 鷄 鷄 鷄 鷄 鷄 鷄	口 口 口	牛 牛 牛 牛	後 後 後 後 後 後 後
鷄 鷄	口 口	牛 牛	後 後

계구우후

닭의 부리와 소의 꼬리라는 뜻으로, 큰 단체의 말석보다는 작은 단체의 우두머리가 되라는 말.

鷄	鳴	狗	盜
닭 계	울 명	개 구	도둑 도
鷄 鷄 鷄 鷄 鷄 鷄 鷄	鳴 鳴 鳴 鳴 鳴 鳴	狗 狗 狗 狗 狗 狗	盜 盜 盜 盜 盜 盜 盜
鷄 鷄	鳴 鳴	狗 狗	盜 盜

계명구도

닭의 울음소리를 잘 내는 사람과 개의 흉내를 잘 내는 도둑이라는 뜻으로, 천한 재주를 가진 사람도 때로는 요긴하게 쓸모가 있음을 비유적으로 이르는 말.

呱	呱	之	聲
울 고	울 고	갈 지	소리 성
呱呱呱呱呱呱呱	呱呱呱呱呱呱呱	之之之	声声声聲聲聲聲

고고지성

아기가 처음 세상에 나오면서 내는 울음소리.

膏	粱	珍	味
기름 고	기장 량	보배 진	맛 미
膏膏膏膏膏膏膏	粱粱粱粱粱粱粱	珍珍珍珍珍珍珍	味味味味味味味

고량진미

살찐 고기와 좋은 곡식으로 만든 맛있는 음식. 진수성찬珍羞盛饌

鼓	腹	擊	壤
북 고	배 복	칠 격	흙덩이 양
鼓 鼓 鼓 壹 壴 鼓 鼓	月 月 胪 胪 胪 腹 腹	車 車 車 車 馭 擊 擊	土 坩 坤 壇 壇 壞 壤
鼓 鼓	腹 腹	擊 擊	壤 壤

고복격양

배를 두드리고 흙덩이를 친다는 뜻으로, 매우 살기 좋은 시절을 표현한 말. 강구연월 康衢煙月

姑	息	之	計
시어머니 고	쉴 식	갈 지	셀 계
乚 女 女 女 妁 姑 姑	亻 自 自 自 息 息	之 之 之	言 言 言 言 言 計 計
姑 姑	息 息	之 之	計 計

고식지계

근본적인 해결책이 아닌 임시로 편한 것을 취하는 계책, 또는 당장의 편안함만을 꾀하는 일시적인 방편을 일컫는 말. 미봉책彌縫策, 임기응변臨機應變

孤	掌	難	鳴
외로울 고	손바닥 장	어려울 난(란)	울 명
了孑孑孤孤孤	掌掌掌掌堂掌	難難難難難難難	吗叽咆嗚嗚嗚嗚
孤 孤	掌 掌	難 難	嗚 嗚

고장난명

손바닥 하나로 는 소리가 나지 않는다는 뜻으로, 혼자 힘으로는 어떠한 일을 이루기 어렵다는 말.

矯	角	殺	牛
바로잡을 교	뿔 각	죽일 살	소 우
矯矯矯矯矯矯矯	角角角角角角角	殺殺殺殺殺殺殺	牛牛牛牛
矯 矯	角 角	殺 殺	牛 牛

교각살우

쇠뿔을 바로 잡으려다 소를 죽인다는 뜻으로, 결점이나 흠을 고치려다 수단이 지나쳐 도리어 일을 그르친다는 말.

狡	兎	三	窟
교활할 교	토끼 토	석 삼	굴 굴
1 1 1 1 1 1 1 1 1 1 1 1 1 狂 狡 狡	乇 兇 乭 乭 乭 兎 兎	一 二 三	窟 窟 窂 窂 窂 窟 窟

교토삼굴

꾀 많은 토끼는 자신이 숨을 세 개의 굴을 파놓는다는 뜻으로, 지혜롭게 준비하여 어려운 일을 면한다는 말.

九	曲	肝	腸
아홉 구	굽을 곡	간 간	창자 장
丿 九	冂 冂 冂 曲 曲 曲	丿 刀 刀 月 肝 肝 肝	腸 肝 胛 胛 胛 腸 腸

구곡간장

아홉 번 구부러진 간과 창자라는 뜻으로, 굽이굽이 사무친 마음속 또는 시름이 쌓이고 쌓인 마음을 일컫는 말.

口	蜜	腹	劍
입 구	꿀 밀	배 복	칼 검
丨 冂 口	宻 宓 宓 宓 蜜 蜜 蜜	腹 刖 刖 胪 胪 腹 腹	刽 刽 刽 刽 刽 劍 劍

구밀복검

입으로는 달콤함을 말하나 뱃속에는 칼을 감추고 있다는 뜻으로, 겉으로는 친절하지만 마음속은 음흉함을 이르는 말. 안종복배顔從腹背

九	死	一	生
아홉 구	죽을 사	한 일	날 생
九 九	死 死 死 死 死 死	一	生 生 生 生 生

구사일생

아홉 번 죽을 뻔하다가 한 번 살아난다는 뜻으로, 여러 차례 죽을 고비를 겪고 간신히 목숨을 건진다는 말.

口	尚	乳	臭
입 구	오히려 상	젖 유	냄새 취
丨口口	尚尚尚尚尚尚尚	乳乳乳乳乳乳乳	臭臭臭臭臭臭臭
口 口	尚 尚	乳 乳	臭 臭

구상유취

입에서 아직 젖내가 난다는 뜻으로, 말과 하는 짓이 아직 유치함을 일컬음.

九	牛	一	毛
아홉 구	소 우	한 일	터럭 모
丿九	牛牛丿牛	一	毛毛二毛
九 九	牛 牛	一 一	毛 毛

구우일모

아홉 마리 소에 털 한 가닥이 빠진 정도라는 뜻으로, 많은 것 가운데서 극히 적은 것을 비유한 말. 창해일속滄海一粟

九	折	羊	腸
아홉 구	꺾을 절	양 양	창자 장
九九	折折折折折折折	羊羊羊羊羊羊	腸腸腸腸腸腸腸
九 九	折 折	羊 羊	腸 腸

구절양장

아홉 번 꺾어진 양의 창자라는 뜻으로, 양의 창자처럼 험하고 꼬불꼬불한 산길 또는 세상이 복잡하여 살아가기 어렵다는 의미.

國	士	無	雙
나라 국	선비 사	없을 무	쌍 쌍
國國國國國國國	士士士	無無無無無無無	雙雙雙雙雙雙雙
國 國	士 士	無 無	雙 雙

국사무쌍

한 나라에 둘도 없는 인물이라는 뜻으로, 매우 뛰어난 인재를 이르는 말.

群	盲	撫	象
무리 군	소경 맹	어루만질 무	코끼리 상
⁊ ⁊ ⁊ ⁊ 君 君 群 群 群	�ᅡ ᅡ ᅥ ᅥ ᅥ 盲 盲 盲	ᅥ ᅥ 扩 扩 撫 撫 撫	⁊ 乎 乎 乎 象 象 象 象
群 群	盲 盲	撫 撫	象 象

군맹무상

여러 맹인이 코끼리를 더듬는다는 뜻으로, 즉 자기의 좁은 소견과 주관으로 사물을 그릇 판단함을 이르는 말. 군맹평상 群盲評象

群	雄	割	據
무리 군	수컷 웅	벨 할	근거 거
⁊ ⁊ ⁊ ⁊ 君 君 群 群 群	ナ 左 右 ᅓ 雄 雄 雄	ᅮ 宀 宝 宝 害 害 割	扌 扩 护 拷 捗 據 據
群 群	雄 雄	割 割	據 據

군웅할거

많은 영웅들이 각각의 지역에서 자리 잡고 세력을 과시하며 서로 다투는 상황을 이르는 말.

權	謀	術	數
권세 **권**	꾀 **모**	재주 **술**	셈 **수**
权柊柊權權權權	謀謀訶謀謀謀謀	彳彳彳彳彳術術術	무무畵畵畵畵數數

권모술수

목적 달성을 위해서는 인정이나 도덕을 가리지 않고 권세와 모략, 중상 등 갖은 방법과 수단을 쓰는 술책.

權	不	十	年
권세 **권**	아닐 **불**, 아닐 **부**	열 **십**	해 **년**
权柊柊權權權權	不不不不	十十	乍乍乍乍乍年

권불십년

권세는 십년을 넘기지 못한다는 뜻으로, 권력이나 세도가 오래 가지 못하고 늘 변함을 이르는 말.

近	墨	者	黑
가까울 근	먹 묵	놈 자	검을 흑
ノ ノ ト ト斤 斤近 近	口 甲 聖 里 黑 墨 墨	一 十 少 尹 者 者 者	口 口 四 甲 里 黑
近 近	墨 墨	者 者	黑 黑

근묵자흑

먹을 가까이하면 검어진다는 뜻으로, 나쁜 친구와 사귀면 나빠지기 쉽다는 말. 근주자적 近朱者赤

金	科	玉	條
쇠 금, 성씨 김	과목 과	구슬 옥	가지 조
人 人 合 全 余 余 金	千 千 千 禾 科 科 科	一 二 干 王 玉	ノ イ 仕 仕 依 倏 條
金 金	科 科	玉 玉	條 條

금과옥조

금옥과 같은 법률이라는 뜻으로, 소중히 여기고 지켜야 할 규칙이나 교훈을 이르는 말.

金	蘭	之	契
쇠 금, 성씨 김	난초 란	갈 지	맺을 계
人今今全全金金	蘭蘭蘭蘭蘭蘭蘭	之之之	契契契契契契契
金 金	蘭 蘭	之 之	契 契

금란지계

쇠처럼 단단하고 난초 향기처럼 그윽한 사귐의 의리를 맺는다는 뜻으로, 친구 사이의 매우 두터운 정을 이르는 말.

金	石	盟	約
쇠 금, 성씨 김	돌 석	맹세 맹	맺을 약
金金金全全金金	石石石石石	盟盟盟盟盟盟盟	約約約約約約約
金 金	石 石	盟 盟	約 約

금석맹약

쇠와 돌같이 굳게 맹세하여 맺은 약속. 금석지교 金石之交, 금석지약 金石之約

金	城	湯	池
쇠 금, 성씨 김	재 성	끓일 탕	못 지
亼仐仐仐余余金金	城坊坊城城城城	汁沪沪沪沪湯湯湯	池池沪沪沪池池

금성탕지

쇠로 만든 성과 그 둘레에 뜨거운 물로 가득 찬 연못이라는 뜻으로, 방어 시설이 잘 되어 있는 성을 이르는 말. 금성철벽金城鐵壁

錦	衣	夜	行
비단 금	옷 의	밤 야	다닐 행
亼仐仐金錦錦錦	衣亠产方衣衣衣	亠广疒夜疒夜夜	行行行行行行

금의야행

비단 옷을 입고 밤길을 간다는 뜻으로, 아무 보람이 없는 일을 함을 이르는 말.

錦	衣	還	鄉
비단 금	옷 의	돌아올 환	시골 향
金錦錦金錦錦錦	衣衣六衣衣衣	還還還還還還還	纟纟纟鄉鄉鄉鄉
錦 錦	衣 衣	還 還	鄉 鄉

금의환향

비단 옷을 입고 고향으로 돌아온다는 뜻으로, 타향에서 크게 성공하여 고향으로 돌아옴을 이르는 말.

騎	虎	之	勢
말 탈 기	범 호	갈 지	행세 세
騎騎馬馬騎騎騎	虎虎虎虎虎虎虎	之之之	勢勢勢勢勢勢勢
騎 騎	虎 虎	之 之	勢 勢

기호지세

호랑이를 타고 달리는 기세라는 뜻으로, 범을 타고 달리는 사람이 도중에 내릴 수 없는 것처럼 도중에서 그만두거나 물러설 수 없는 형세를 이르는 말.

落	花	流	水
떨어질 **낙(락)**	꽃 화	흐를 **유(류)**	물 수
落艹茡茨落落落	花花花花花花花	流沆流泸泸流流	가 水水水
落 落	花 花	流 流	水 水

낙화유수

떨어지는 꽃과 흐르는 물이라는 뜻으로, 가는 봄의 경치를 이르는 말.

難	攻	不	落
어려울 **난(란)**	칠 공	아닐 **불**, 아닐 **부**	떨어질 **락**
莫莫莫莫難難難	工工工攻攻攻	不不不不	落艹茡茨落落落
難 難	攻 攻	不 不	落 落

난공불락

공격하기가 어려워 쉽사리 함락되지 않음을 이르는 말.

南	柯	一	夢
남녘 **남**	가지 **가**	한 **일**	꿈 **몽**
南南南南南南南	柯柯柯柯柯柯柯	一	夢夢夢夢夢夢夢
南 南	柯 柯	一 一	夢 夢

남가일몽

남쪽 가지에서의 꿈이란 뜻으로, 덧없는 꿈이나 한때의 헛된 부귀영화를 이르는 말. 일장춘몽一場春夢, 한단지몽邯鄲之夢

南	橘	北	枳
남녘 **남**	귤 **귤**	북녘 **북**	탱자 **지**
南南南南南南南	橘橘橘橘橘橘	北北北北北	枳枳枳枳枳枳枳
南 南	橘 橘	北 北	枳 枳

남귤북지

강남에 심은 귤나무를 강북에 옮겨 심으면 탱자나무가 된다는 뜻으로, 기후와 풍토가 다르면 그 모양과 성질이 달라진다는 말.

男	女	老	少
사내 남	여자 녀	늙을 노(로)	젊을 소
丨口曰田田男男男	乇女女	一十土少老老	小小少
男 男	女 女	老 老	少 少

남녀노소

남자와 여자, 늙은이와 젊은이, 즉 모든 사람을 이르는 말.

男	負	女	戴
사내 남	질 부	여자 여(녀)	일 대
丨口曰田田男男男	勹勺勺角負負負	乇女女	一士吉吉載載載
男 男	負 負	女 女	戴 戴

남부여대

남자는 지고 여자는 인다는 뜻으로, 가난에 시달린 사람들이 살 곳을 찾아 이리저리 떠돌아다님을 이르는 말.

囊	中	之	錐
주머니 낭	가운데 중	갈 지	송곳 추
囊囊囊囊囊囊囊	丨口口中	之之之	錐錐錐錐錐錐
囊 囊	中 中	之 之	錐 錐

낭중지추

주머니 속에 있는 송곳이란 뜻으로, 재능이 아주 뛰어난 사람은 숨어 있어도 저절로 남의 눈에 드러난다는 비유적 의미.

内	憂	外	患
안 내	근심 우	바깥 외	근심 환
内内内内	憂憂憂憂憂憂	外外外外外	患患患患患患患
内 内	憂 憂	外 外	患 患

내우외환

내부에서 일어나는 근심과 외부로부터 받는 근심이라 뜻으로, 나라 안팎의 여러 가지 어려운 사태를 이르는 말.

老	當	益	壯
늙을 **노**(로)	마땅 **당**	더할 **익**	장할 **장**
一 十 土 耂 耂 老	⺊ ⺊ ⺞ 告 告 常 當	八 公 夳 谷 谷 益 益	㇐ ㇄ ㇄ ㇄ 壯 壯 壯
老 老	當 當	益 益	壯 壯

노당익장

나이를 먹을수록 기력이 더욱 좋아짐을 이르는 말.

老	萊	之	戲
늙을 **노**(로)	명아주 **래**	갈 **지**	희롱할 **희**
一 十 土 耂 耂 老	⺾ 苹 苹 芽 芽 萊 萊	㇋ 之 之	⺊ ⺁ 虍 虗 虛 戲 戲
老 老	萊 萊	之 之	戲 戲

노래지희

주나라의 노래자老萊子가 약 칠십 세 때 색동옷을 입고 동자의 모습으로 재롱을 부려 부모님께 효도했다는 말.

老	馬	之	智
늘을 노(로)	말 마	갈 지	슬기 지
土 耂 耂 老 老 老	丨 厂 厂 厂 馬 馬 馬	丶 宀 之	丿 宀 矢 知 知 智 智
老 老	馬 馬	之 之	智 智

노마지지

늙은 말의 지혜라는 뜻으로, 연륜이 깊으면 자기 나름대로의 장점과 특징이 있다는 말.

綠	衣	紅	裳
푸를 녹(록)	옷 의	붉을 홍	치마 상
綠 綠 綠 綠 綠 綠 綠	衣 衣 衣 衣 衣 衣	紅 紅 紅 紅 紅 紅	裳 裳 裳 裳 裳 裳 裳
綠 綠	衣 衣	紅 紅	裳 裳

녹의홍상

연두저고리에 다홍치마라는 뜻으로, 곱게 차려 입은 젊은 여자의 복색을 이르는 말.

論	功	行	賞
논할 논(론)	공 공	다닐 행	상줄 상
論論論論論論論	功功功功功	行行行行行行	賞賞賞賞賞賞賞
論 論	功 功	行 行	賞 賞

논공행상

세운 공을 논하여 상을 줌.

弄	瓦	之	慶
희롱할 농(롱)	기와 와	갈 지	경사 경
弄弄弄弄弄弄弄	瓦瓦瓦瓦瓦	之之之	广广庐庐庆慶慶
弄 弄	瓦 瓦	之 之	慶 慶

농와지경

질그릇을 갖고 노는 경사란 뜻으로, 딸을 낳은 기쁨을 이르는 말.

弄	璋	之	慶
희롱할 **농(롱)**	홀 **장**	갈 **지**	경사 **경**
弄 弄 弄 弄 弄 弄 弄	璋 璋 璋 璋 璋 璋 璋	之 之 之	广 庐 庐 庐 廌 廌 慶
弄 弄	璋 璋	之 之	慶 慶

농장지경

구슬로 만든 장난감을 갖고 노는 경사란 뜻으로, 아들을 낳은 기쁨을 이르는 말.

多	岐	亡	羊
많을 **다**	갈림길 **기**	망할 **망**	양 **양**
多 多 多 多 多 多	岐 岐 岐 岐 岐 岐	亡 亡 亡	羊 羊 羊 羊 羊 羊
多 多	岐 岐	亡 亡	羊 羊

다기망양

달아난 양을 찾다가 여러 갈래 길에 이르러 길을 잃었다는 뜻으로, 학문의 길이 여러 갈래로 나뉘어져 있어 진리를 찾기 어려움을 일컫는 말.

多	情	佛	心
많을 다	뜻 정	부처 불	마음 심
⺈ ⺈ 夕 多 多 多	⺈ ⺊ ⺊ ⺊ 情 情 情	⺈ 佛 ⺈ 伊 侶 佛 佛	⺀ 心 心 心
多 多	情 情	佛 佛	心 心

다정불심

다정다감하고 착한 마음.

斷	金	之	交
끊을 단	쇠 금, 성씨 김	갈 지	사귈 교
𢇍 糸 糸 斷 斷 斷 斷	人 仒 仐 全 全 余 金	⺀ ⺂ 之	⺀ ⺊ ⺊ 六 交 交
斷 斷	金 金	之 之	交 交

단금지교

쇠라도 자를 정도의 강한 교분이라는 뜻 으로, 매우 두 터운 우정을 이르는 말.

斷	機	之	教
끊을 **단**	틀 **기**	갈 **지**	가르칠 **교**
斷 斷 斷 斷 斷 斷 斷	機 機 機 機 機 機 機	之 之 之	敎 敎 敎 敎 敎 敎 敎
斷 斷	機 機	之 之	敎 敎

단기지교

학문을 중도에 그만둠은 짜던 베를 끊는 것과 같아 아무런 이익이 없다는 뜻으로, 학업을 중단해서는 안 된다는 것을 경계하는 말. 단기지계斷機之誡

簞	食	瓢	飮
소쿠리 **단**	먹이 **사**, 밥 **식**	바가지 **표**	마실 **음**
簞 簞 簞 簞 簞 簞 簞	食 食 食 食 食 食 食	瓢 瓢 瓢 瓢 瓢 瓢 瓢	飮 飮 飮 飮 飮 飮 飮
簞 簞	食 食	瓢 瓢	飮 飮

단사표음

대나무로 만든 밥그릇에 담은 밥과 표주박에 든 물이라는 뜻으로, 청빈하고 소박한 생활을 이르는 말. 단표누항簞瓢陋巷

丹	脣	皓	齒
붉을 단	입술 순	흴 호	이 치
丹 刀 刀 丹	脣 脣 脣 脣 辰 脣 脣	皓 皓 皓 皓 皓 皓 皓	齒 齒 齒 齒 齒 齒 齒
丹 丹	脣 脣	皓 皓	齒 齒

단순호치

붉은 입술과 하얀 이라는 뜻으로, 여자의 아름다운 얼굴을 이르는 말. 화용월태花容月態

堂	狗	風	月
집 당	개 구	바람 풍	달 월
堂 堂 堂 堂 堂 堂 堂	狗 狗 狗 狗 狗 狗 狗	風 几 凡 凨 風 風 風	月 月 月 月
堂 堂	狗 狗	風 風	月 月

당구풍월

서당 개 삼 년에 풍월을 읊는다는 뜻으로, 무식한 사람도 유식한 사람과 사귀면 견문이 넓어짐을 이르는 말.

大	同	小	異
큰 대	한가지 동	작을 소	다를 이
一 ナ 大	冂 冂 冂 同 同 同	亅 小 小	罒 罒 罒 罒 罒 異 異 異
大 大	同 同	小 小	異 異

대동소이

큰 차이 없이 거의 같음.

大	義	名	分
큰 대	옳을 의	이름 명	나눌 분
一 ナ 大	羊 羊 羊 羊 義 義 義	夕 夕 夕 名 名 名	分 分 今 分
大 大	義 義	名 名	分 分

대의명분

사람으로서 마땅히 지켜야 할 중대한 의리와 명분.

桃	園	結	義
복숭아 도	동산 원	맺을 결	옳을 의
一 十 木 札 机 机 桃	冂 閂 固 周 圜 闌 園	幺 幻 乡 糸 糽 結 結	羊 差 羊 羊 義 義 義

도원결의

복숭아나무 정원에서 의형제를 맺는다는 뜻으로, 《삼국지연의》의 유비, 관우, 장비가 도원에서 의형제를 맺은 데에서 유래함.

獨	也	靑	靑
홀로 독	어조사 야	푸를 청	푸를 청
亻 犭 犳 獨 獨 獨 獨	一 力 也	二 丰 圭 青 青 青 靑	二 丰 圭 青 青 青 靑

독야청청

홀로 푸르다는 뜻으로, 홀로 높은 절개를 지켜 늘 변함이 없음을 이르는 말.

同	價	紅	裳	**동가홍상**
한가지 **동**	값 **가**	붉을 **홍**	치마 **상**	같은 값이면 다홍치마라는 뜻으로, 같은 조건이라면 좀 더 낫고 편리한 것을 택한다는 말.
同冂冋同同同	價價價價價價價	紅紅紅糸紅紅紅	裳裳裳裳裳裳裳	
同	價	紅	裳	

同	苦	同	樂	**동고동락**
한가지 **동**	쓸 **고**	한가지 **동**	즐길 **락**	괴로움과 즐거움을 함께한다는 뜻으로, 같이 고생하고 같이 즐김을 이르는 말.
同冂冋同同同	苦苦苦苦苦苦苦	同冂冋同同同	樂樂樂樂樂樂樂	
同	苦	同	樂	

棟	樑	之	材
마룻대 동	들보 량	갈 지	재목 재
棟 柿 柿 柿 柿 桓 棟 棟	樑 柿 柿 柿 柿 樑 樑 樑	之 之 之	材 材 材 材 材 材 村 材
棟 棟	樑 樑	之 之	材 材

동량지재

기둥이나 들보가 될 만한 훌륭한 인재라는 뜻으로, 한 집안이나 한 나라를 떠받치는 중대한 일을 맡을 만한 인재를 이르는 말.

東	奔	西	走
동녘 동	달릴 분	서녘 서	달릴 주
東 東 東 東 東 東 東	奔 奔 奔 奔 本 本 奔	西 西 西 西 西 西	走 走 走 走 走 走 走
東 東	奔 奔	西 西	走 走

동분서주

동쪽으로 뛰고 서쪽으로 뛴다는 뜻으로, 사방으로 이리저리 바쁘게 돌아다님을 이르는 말.

登	高	自	卑
오를 등	높을 고	스스로 자	낮을 비
⁷ ⁷ ⁷ 癶 癶 啓 登 登	亠 亠 肓 高 高 高 高	亅 亻 亻 白 自 自	⁷ 勹 白 白 兒 卑 卑
登 登	高 高	自 自	卑 卑

등고자비

높은 곳에 이
르기 위해서는
낮은 곳부터
밟아야 한다는
뜻으로, 일을
하는 데는 반
드시 차례를
밟아야 한다는
말 또는 지위
가 높아질수록
스스로를 낮춘
다는 말.

燈	下	不	明
등 등	아래 하	아닐 불, 아닐 부	밝을 명
燈 燈 熘 熔 熔 燈 燈	下 丁 下	不 不 不 不	明 明 明 明 明 明 明
燈 燈	下 下	不 不	明 明

등하불명

등잔 밑이 어
둡다는 뜻으
로, 가까이에
있는 물건이나
사람을 잘 찾
지 못함을 이
르는 말.

磨	斧	爲	針
갈 마	도끼 부	하 위, 할 위	바늘 침
广广广庐麻磨磨	八父父父冬斧斧	爫爫爫爫爫爲爲	人仐仐仐金金針
磨 磨	斧 斧	爲 爲	針 針

마부위침

도끼를 갈아 바늘을 만든다는 뜻으로, 아무리 이루기 힘든 일도 끊임없는 노력과 끈기 있는 인내로 성공하고야 만다는 의미.

莫	上	莫	下
없을 막	윗 상	없을 막	아래 하
莫莫莫苩苩莫莫	丨卜上	莫莫莫苩苩莫莫	一丁下
莫 莫	上 上	莫 莫	下 下

막상막하

실력에 있어 어느 것이 위고 아래인지 분간할 수 없음을 이르는 말.

萬	頃	蒼	波	**만경창파**
일만 **만**	이랑 **경**	푸를 **창**	물결 **파**	만 이랑의 푸른 물결이라는 뜻으로, 한없이 넓고 푸른 바다를 이르는 말.
萬萬苗苗萬萬萬	頃七七七頃頃頃	茨茨茨荃荅蒼蒼	氵氵氵沪沪波波	
萬 萬	頃 頃	蒼 蒼	波 波	

萬	古	風	霜	**만고풍상**
일만 **만**	옛 **고**	바람 **풍**	서리 **상**	사는 동안에 겪은 많은 고생.
萬萬苗萬萬萬萬	古十古古古	風几凡凬凬風風	霜霜霜霜霜霜霜	
萬 萬	古 古	風 風	霜 霜	

萬	壽	無	疆	**만수무강**
일만 **만**	목숨 **수**	없을 **무**	지경 **강**	아무 탈 없이 오래오래 사는 것을 뜻하는 말로, 손윗사람이나 존경하는 분의 건강을 빌 때 주로 사용함.
ᵗ ᵗᵗ 苗 苩 莒 萬 萬 萬	ᵗ 青 青 圭 圭 壽 壽	ᵗ ᵗ ᵗ 缶 無 無 無	弓 弓 弓ᵗ 弼 彊 彊 疆	
萬 萬	壽 壽	無 無	疆 疆	

晚	時	之	歎	**만시지탄**
늦을 **만**	때 **시**	갈 **지**	탄식할 **탄**	시기가 늦어 기회를 놓쳤음을 안타까워하는 탄식.
日 日ᵗ 旷 昀 晚 晚 晚	日 日ᵗ 日ᵗ 旷 旷 時 時	ᵗ ᵗ 之	一 苩 苩 蓳 菓 歎 歎	
晚 晚	時 時	之 之	歎 歎	

萬	壑	千	峰
일만 **만**	골 **학**	일천 **천**	봉우리 **봉**

萬萬莔莔萬萬萬   壑壑壑叡叡壑   千千千   峰峰山岐峰峰峰

萬 萬 壑 壑 千 千 峰 峰

만학천봉

첩첩이 겹쳐진 깊고 큰 골짜기의 수많은 산봉우리.

忘	年	之	友
잊을 **망**	해 **년**	갈 **지**	벗 **우**

忘忘忘忘忘忘忘   年年年年年年   之之之   友大方友

忘 忘 年 年 之 之 友 友

망년지우

나이에 거리끼지 않고 허물없이 사귄 벗.

梅	妻	鶴	子
매화 매	아내 처	학 학	아들 자
十 朴 杧 杧 梅 梅 梅	フ ㅋ ㅋ ㅋ 丰 妻 妻 妻	フ 亻 亻 雀 雀 雀 鶴 鶴 鶴	フ 了 子
梅 梅	妻 妻	鶴 鶴	子 子

매처학자

매화를 아내로 삼고 학을 자식으로 삼는다는 뜻으로, 선비의 풍류 생활을 두고 이르는 말.

麥	秀	之	嘆
보리 맥	빼어날 수	갈 지	탄식할 탄
一 ク 夾 夾 央 麥 麥	一 二 千 禾 禾 秀 秀	㇏ ㇀ 之	口 吓 吽 哄 喵 嘆 嘆
麥 麥	秀 秀	之 之	嘆 嘆

맥수지탄

무성히 자라는 보리를 보고 하는 탄식이라는 뜻으로, 고국의 멸망에 대한 탄식을 이르는 말. 망국지탄亡國之歎

目	不	識	丁	**목불식정**
눈 목	아닐 **불**, 아닐 **부**	알 식	고무래 **정**	낫 놓고 기역 자도 모른다는 뜻으로, 아주 무식함을 이르는 말.
丨 冂 冂 月 目	不 不 不 不	識 識 訐 識 識 識 識	丁 丁	
目 目	不 不	識 識	丁 丁	

無	所	不	爲	**무소불위**
없을 무	바 소	아닐 **불**, 아닐 **부**	할 위	못 할 일이 없음 또는 하지 못하는 일이 없음.
無 匚 乍 無 無 無 無	所 厈 戶 所 所 所 所	不 不 不 不	爲 爲 爲 爲 爲 爲 爲	
無 無	所 所	不 不	爲 爲	

無	用	之	物
없을 무	쓸 용	갈 지	물건 물
仁 仁 仁 無 無 無 無	丿 刀 月 月 用	宀 之 之	牛 牛 牛 物 物 物 物
無 無	用 用	之 之	物 物

무용지물

아무 소용이 없는 물건이나 아무짝에도 쓸 데없는 사람을 이르는 말.

無	爲	徒	食
없을 무	할 위	무리 도	밥 식
仁 仁 仁 無 無 無 無	丆 爲 丆 严 严 爲 爲	彳 彳 彳 徒 徒 徒 徒	人 食 今 食 今 食 食
無 無	爲 爲	徒 徒	食 食

무위도식

아무 하는 일 없이 헛되이 먹기만 함 또는 게으르거나 능력이 없는 사람을 이르는 말.

刎	頸	之	交
목 벨 문	목 경	갈 지	사귈 교
´ ク ⠀ク 勿 刎 刎	頸 頸 頸 頸 頸 頸	之 之 之	亠 文 交 交 交 交

문경지교

목이 잘리는 한이 있어도 마음을 변치 않고 생사를 같이 할 수 있는 매우 소중한 벗.

聞	一	知	十
들을 문	한 일	알 지	열 십
門 門 門 門 門 閏 聞	一	知 矢 矢 知 知 知	十 十

문일지십

한 가지를 들으면 열 가지를 미루어 안다는 뜻으로, 지극히 총명하고 슬기가 뛰어남을 이르는 말.

門	前	成	市
문 문	앞 전	이룰 성	저자 시
丨丨冂冂冂門門門門	丷丷丱丱肖肖前前前	丿丆厇厈成成成	丶亠宀市市
門 門	前 前	成 成	市 市

대문 앞이 저자를 이룬다는 뜻으로, 권세가 크거나 부자가 되어 문 앞이 찾아오는 손님들로 마치 시장을 이룬 것 같음을 이르는 말.

門	前	沃	畓
문 문	앞 전	기름질 옥	논 답
丨丨冂冂冂門門門門	丷丷丱丱肖肖前前前	氵氵沃沃沃沃沃	丿刂氺水水畓畓畓
門 門	前 前	沃 沃	畓 畓

문전옥답

집 앞 가까이에 있는 좋은 논이라는 뜻으로, 곧 많은 재산을 일컫는 말.

博	而	不	精
넓을 **박**	말 이을 **이**	아닐 **불**, 아닐 **부**	정할 **정**
博博博博博博	而而而而而而	不不不不	精精精精精精精
博 博	而 而	不 不	精 精

박이부정

여러 방면으로 넓게 알고 있으나 정통하지 못함 또는 널리 알되 능숙하거나 정밀하지 못함을 이르는 말.

反	目	嫉	視
돌이킬 **반**	눈 **목**	미워할 **질**	볼 **시**
反反反反	目目目目目	嫉嫉嫉嫉嫉嫉嫉	視視視視視視視
反 反	目 目	嫉 嫉	視 視

반목질시

서로 미워하고 질투하는 눈으로 봄.

半	信	半	疑
반 반	믿을 신	반 반	의심할 의
半半半半半	信仁仁信信信信	半半半半半	疑疑疑疑疑疑疑
半 半	信 信	半 半	疑 疑

반신반의

참과 거짓을 판단하기 어려워 얼마쯤 믿으면서도 한편으로는 의심함.

傍	若	無	人
곁 방	같을 약	없을 무	사람 인
傍仁仁傍傍傍傍	若若若若若若若	無仁仁無無無無	人人
傍 傍	若 若	無 無	人 人

방약무인

곁에 아무도 없는 것처럼 여긴다는 뜻으로, 주위에 있는 다른 사람을 전혀 의식하지 않고 제멋대로 행동하는 것을 이르는 말.

背	水	之	陣	**배수지진**
등 배	물 수	갈 지	진 칠 진	물을 등지고 진을 친다는 뜻으로, 물러설 곳이 없으니 목숨을 걸고 싸울 수밖에 없는 지경을 이르는 말.

背背背背背背 水水水水 之之之 陣陣陣陣陣陣陣

背 背 水 水 之 之 陣 陣

杯	中	蛇	影	**배중사영**
잔 배	가운데 중	긴 뱀 사	그림자 영	술잔 속에 비친 뱀 그림자라는 뜻으로, 아무것도 아닌 일에 의심을 품고 지나치게 근심함을 이르는 말.

杯杯杯杯杯杯 中中中中 蛇蛇蛇蛇蛇蛇 影影影影影影影

杯 杯 中 中 蛇 蛇 影 影

白	骨	難	忘
흰 **백**	뼈 **골**	어려울 **난(란)**	잊을 **망**
白白白白白	骨骨骨骨骨骨骨	難難難難難難難	忘忘忘忘忘忘忘

백골난망

죽어도 잊지 못할 큰 은혜를 입음이란 뜻으로, 남에게 큰 은혜나 덕을 입었을 때 고마움을 표시하는 말.

百	年	河	清
일백 **백**	해 **년**	물 **하**	맑을 **청**
百百百百百百	年年年年年年	河河河河河河河	清清清清清清清

백년하청

백 년을 기다린다 해도 황하의 흐린 물은 맑아지지 않는다는 뜻으로, 오랫동안 기다려도 바라는 것이 이루어질 수 없음을 이르는 말.

白	面	書	生
흰 백	낯 면	글 서	날 생
白白白白白	百丙而而面面面	書書書書書書書	生七生生生
白 白	面 面	書 書	生 生

백면서생

희고 고운 얼굴에 글만 읽는 사람이란 뜻으로, 세상일에 조금도 경험이 없는 사람을 이르는 말.

百	折	不	屈
일백 백	꺾을 절	아닐 불, 아닐 부	굽힐 굴
百百百百百百	折折折折折折折	不フ不不	屈屈屈屈屈屈屈
百 百	折 折	不 不	屈 屈

백절불굴

백 번 꺾여도 굴하지 않는다는 뜻으로, 어떤 어려움에도 굽히지 않음을 이르는 말.

伯	仲	之	勢
맏 백	버금 중	갈 지	형세 세
伯伯伯伯伯伯伯	伯伯伯伯伯仲	之之之	勢勢勢勢勢勢勢

백중지세

우열의 차이가 없이 엇비슷함을 이르는 말. 백중지간伯仲之間

百	尺	竿	頭
일백 백	자 척	낚싯대 간	머리 두
百百百百百百	尺尺尺尺	竿竿竿竿竿竿竿	頭頭頭頭頭頭頭

백척간두

백 자나 되는 높은 장대 위에 올라섰다는 뜻으로, 위태로움이 극도에 달함을 이르는 말.

不	問	可	知	**불문가지**
아닐 불, 아닐 부	물을 문	옳을 가	알 지	묻지 않아도 옳고 그름을 가히 알 수 있음.
不 不 不 不	門 門 門 門 門 門 門	可 可 可 可 可	知 知 知 知 知 知	
不	不 問	問 可	可 知	知

不	問	曲	直	**불문곡직**
아닐 불, 아닐 부	물을 문	굽을 곡	곧을 직	옳은 것과 그른 것을 따지지 않음.
不 不 不 不	門 門 門 門 門 門	曲 曲 曲 曲 曲 曲	直 直 直 直 直 直	
不	不 問	問 曲	曲 直	直

不	撓	不	屈	**불요불굴**
아닐 **불**, 아닐 **부**	어지러울 **요**	아닐 **불**, 아닐 **부**	굽힐 **굴**	휘지도 않고 굽 히지도 않는다 는 뜻으로, 어 떤 난관도 꿋꿋 이 견디어 나감 을 이르는 말.
一 丆 オ 不	扌 扌 扩 护 拷 撓 撓	一 丆 オ 不	尸 弖 尸 屈 屈 屈	
不	不	撓	撓	不	不	屈	屈	

不	撤	晝	夜	**불철주야**
아닐 **불**, 아닐 **부**	거둘 **철**	낮 **주**	밤 **야**	밤낮을 가리지 않는다는 뜻으 로, 조금도 쉴 사이 없이 일 에 힘씀.
一 丆 オ 不	扌 扌 扩 捗 捗 捗 撤	一 昌 昌 書 書 書 晝	亠 广 广 疒 疒 夜 夜 夜	
不	不	撤	撤	晝	晝	夜	夜	

脾	肉	之	嘆
지라 **비**	고기 **육**	갈 **지**	탄식할 **탄**
月 ! 脾 胛 胛 脾 脾	丨 冂 冂 内 肉 肉	丶 ㇏ 之	嘆 嘆 嘆 嘆 嘆 嘆 嘆

바쁘게 돌아다 닐 일이 없어 가만히 놀고먹 기 때문에 넓 적다리에 살만 찐다고 한탄하 는 말 또는 성 공할 기회를 잃고 허송세월 하는 것을 탄 식함.

非	一	非	再
아닐 **비**	한 **일**	아닐 **비**	두 **재**
丿 丿 非 非 非 非	一	丿 丿 非 非 非 非	再 一 冂 冃 再 再

비일비재

같은 일이 한 두 번이 아니 란 뜻으로, 한 둘이 아님을 일컫는 말.

四	分	五	裂
넉 사	나눌 분	다섯 오	찢을 열
丨 冂 叼 四 四	分 分 分 分	五 丁 五 五	裂 裂 裂 列 裂 裂 裂

사분오열

네 갈래 다섯 갈래로 나눠지고 찢어진다는 뜻으로, 여러 쪽으로 찢어져서 어지럽게 분열됨을 이르는 말.

三	顧	草	廬
석 삼	돌아볼 고	풀 초	농막집 려
二 三 三	厃 庐 庐 雇 雇 顧 顧	艹 艹 苩 苩 苩 萱 草	亠 广 广 庐 庐 庐 盧 廬

삼고초려

유비가 제갈공명을 세 번이나 찾아가 군사로 초빙한 데서 유래한 말로, 임금의 두터운 사랑을 입음 또는 인재를 맞이하기 위해 참을성 있게 힘씀을 이르는 말.

三	三	五	五
석 삼	석 삼	다섯 오	다섯 오
一二三	一二三	五丁五五	五丁五五
三	三	三	三	五	五	五	五

삼삼오오

서너 사람 또는 대여섯 사람이 여기저기 떼를 지어 다니거나 무슨 일을 하는 모양.

三	人	成	虎
석 삼	사람 인	이룰 성	범 호
一二三	人人	成成成戌成成成	虎虎虎虎虎虎虎
三	三	人	人	成	成	虎	虎

삼인성호

세 사람이면 없던 호랑이도 만든다는 뜻으로, 거짓말이라도 여러 사람이 말하면 남이 참말로 믿기 쉽다는 의미.

三	寒	四	溫
석 삼	찰 한	넉 사	따뜻할 온
二 二 三	宀 宀 宇 宒 寒 寒 寒	丨 冂 冂 四 四	溫 溫 溫 溫 溫 溫 溫

삼한사온

사흘 춥고 나흘 따뜻하다는 뜻으로, 겨울철에 한국과 중국 등지에서 3일 가량 춥다가 그 다음 4일 가량은 따뜻한 날씨가 계속되는 주기적인 기후 현상을 이르는 말.

先	公	後	私
먼저 선	공평할 공	뒤 후	사사 사
先 先 先 先 先 先	公 公 公 公	後 後 後 後 後 後 後	私 二 千 禾 禾 私 私

선공후사

공적인 일을 먼저 하고 사적인 일을 뒤로 미룸.

074

小	貪	大	失
작을 소	탐낼 탐	큰 대	잃을 실
亅小小	貪貪今今食食貪	一ナ大	失矢一失失
小 小	貪 貪	大 大	失 失

소탐대실

작은 것을 탐
내다가 큰 것
을 잃는다는
말. 교각살우

矯角殺牛

首	丘	初	心
머리 수	언덕 구	처음 초	마음 심
首首首首首首	丘丘丘丘丘	初初初初初初初	心心心心
首 首	丘 丘	初 初	心 心

수구초심

여우가 죽을
때 고향 쪽으
로 머리를 둔
다는 뜻으로,
고향을 생각하
는 마음을 이
르는 말.

手	不	釋	卷
손 수	아닐 **불**, 아닐 **부**	풀 석	책 권
一 二 三 手	一 二 才 不	釆 稈 釆 釋 釋 釋	卷 二 兰 关 关 卷
手 手	不 不	釋 釋	卷 卷

수불석권

손에서 책을 놓지 않는다는 뜻으로, 늘 공부를 게을리 하지 않음을 의미함.

首	鼠	兩	端
머리 수	쥐 서	두 양	끝 단
首 首 产 首 首 首 首	鼠 鼠 鼠 鼠 鼠 鼠	兩 兩 兩 兩 兩 兩	端 端 端 端 端 端
首 首	鼠 鼠	兩 兩	端 端

수서양단

구멍 속에서 목을 내민 쥐가 나갈까 말까 망설인다는 뜻으로, 어떤 일을 할 때 쭈뼛거리고 주저하여 실행하지 못함 또는 어느 쪽으로도 취할 수 없는 애매한 태도를 일컫는 말.

水	魚	之	交
물 수	물고기 어	갈 지	사귈 교
水水水水	鱼鱼鱼鱼鱼鱼鱼	之之之	交交交交交交
水 水	魚 魚	之 之	交 交

수어지교

물과 물고기의 사귐이란 뜻으로, 떨어질 수 없는 아주 친밀한 사이를 이르는 말.

守	株	待	兎
지킬 수	그루 주	기다릴 대	토끼 토
守守守守守	株株株株株株株	待待待待待待待	兎兎兎兎兎兎兎
守 守	株 株	待 待	兎 兎

수주대토

한 가지 일에만 얽매여 발전을 모르는 어리석은 사람을 비유적으로 이르는 말.

始	終	如	一
비로소 **시**	마칠 **종**	같을 **여**	한 **일**
⺄ ⼥ ⼥ 妒 妒 始 始	⼩ ⼩ 糸 糸 約 終 終	⺄ ⼥ ⼥ 如 如 如	一
始 始	終 終	如 如	一 一

시종여일

처음이나 나중이 한결같아서 변함없음. 시종일관始終一貫

信	賞	必	罰
믿을 **신**	상줄 **상**	반드시 **필**	벌할 **벌**
⼈ ⼈ 信 信 信 信 信	⺍ 賞 常 常 賞 賞 賞	⼂ ⼄ 必 必 必	罒 罒 罒 罰 罰 罰 罰
信 信	賞 賞	必 必	罰 罰

신상필벌

공이 있는 사람에게 반드시 상을 주고, 죄가 있는 사람에게는 반드시 벌을 준다는 뜻으로, 상벌을 공정하고 엄중히 하는 일.

身	言	書	判
몸 신	말씀 언	글 서	판단할 판
身 丿 冂 冃 身 身	言 言 言 言 言 言	書 書 書 書 書 書 書	判 判 判 判 判 判
身 身	言 言	書 書	判 判

신언서판

중국 당나라 때 관리를 선출하던 네 가지 기준으로, 신수와 말씨와 문필과 판단력을 일컬음.

安	貧	樂	道
편안 안	가난할 빈	즐길 낙	길 도
安 安 安 安 安 安	貧 貧 貧 貧 貧 貧	樂 樂 樂 樂 樂 樂	道 道 道 道 道 道 道
安 安	貧 貧	樂 樂	道 道

안빈낙도

가난한 생활을 하면서도 편안한 마음으로 도를 즐겨 지킴. 안분지족安分知足

眼	下	無	人
눈 안	아래 하	없을 무	사람 인
眼眼眼眼眼眼眼	下丁下	無無無無無無無	人人
眼 眼	下 下	無 無	人 人

안하무인

눈 아래 사람이 없다는 뜻으로, 사람됨이 교만하여 남을 업신여김을 이르는 말.

暗	中	摸	索
어두울 암	가운데 중	본뜰 모	찾을 색
暗暗暗暗暗暗	口口口中	摸摸摸摸摸摸摸	索索索索索索索索
暗 暗	中 中	摸 摸	索 索

암중모색

어둠 속에서 손을 더듬어 찾는다는 뜻으로, 어림짐작으로 사물을 알아내려 함을 이르는 말.

仰	天	大	笑
우러를 앙	하늘 천	큰 대	웃음 소
亻亻亻仟仰仰	一二干天	一大大	竺笑竺笑竺笑笑
仰 仰	天 天	大 大	笑 笑

앙천대소

하늘을 쳐다보고 크게 웃는 웃음.

羊	頭	狗	肉
양 양	머리 두	개 구	고기 육
羊羊羊羊兰羊	頭頭頭頭頭頭頭	狗狗狗狗狗狗狗	肉門門內肉肉
羊 羊	頭 頭	狗 狗	肉 肉

양두구육

양의 머리를 내걸고 개고기를 판다는 뜻으로, 겉은 훌륭해 보이지만 속은 변변치 못함을 이르는 말.

漁	父	之	利
고기 잡을 **어**	아버지 **부**	갈 **지**	이로울 **리**
氵氵氵渔渔渔漁漁	父父父父	亠之之	禾二千禾禾利利
漁 漁	父 父	之 之	利 利

어부지리

두 사람이 이해 관계로 서로 싸 우는 사이에 엉 뚱한 사람이 애 쓰지 않고 가로 챈 이익을 이르 는 말. 방휼지 쟁 蚌鷸之爭

言	語	道	斷
말씀 **언**	말씀 **어**	길 **도**	끊을 **단**
亠亠亠言言言言	言言訂語語語語	丷丷首首首道道	幺丝丝丝斷斷斷
言 言	語 語	道 道	斷 斷

언어도단

말할 길이 끊어 졌다는 뜻으로, 너무나 엄청나 거나 기가 막혀 서 말로써 나타 낼 수가 없음을 이르는 말.

言	行	一	致	**언행일치**
말씀 언	다닐 행	한 일	이를 치	말과 행동이 일치함.
言言言言言言言	行行行行行行	一	至至至至致致致	
言 言	行 行	一 一	致 致	

易	地	思	之	**역지사지**
바꿀 역	땅 지	생각 사	갈 지	처지를 서로 바꾸어 상대방의 입장에서 생각한다는 말
易易易易昜易易	地地地地地地	思思思思思思思	之之之	
易 易	地 地	思 思	之 之	

緣	木	求	魚
인연 **연**	나무 **목**	구할 **구**	물고기 **어**
緣 糸 糸 紵 絲 絲 緣	一 十 才 木	一 寸 才 才 求 求 求	夕 夕 存 角 角 魚 魚
緣 緣	木 木	求 求	魚 魚

연목구어

나무에 올라가 고기를 구한다는 뜻으로, 도저히 불가능한 일을 굳이 하려 함을 비유적으로 이르는 말.

榮	枯	盛	衰
영화 **영**	마를 **고**	성할 **성**	쇠할 **쇠**
榮 榮 榮 榮 榮 榮 榮	一 十 木 朴 朾 枯 枯	厂 成 成 成 盛 盛	亡 立 亨 亨 亨 亥 衰 衰
榮 榮	枯 枯	盛 盛	衰 衰

영고성쇠

영화롭고 마르고 성하고 쇠함이란 뜻으로, 개인이나 사회의 성하고 쇠함이 서로 뒤바뀌는 현상을 말함.

吾	鼻	三	尺
나 오	코 비	석 삼	자 척
吾 吾 五 吾 吾 吾 吾	自 鼻 鼻 鼻 鼻 鼻 鼻	一 二 三	一 フ 尸 尺

오비삼척

'내 코가 석 자'라는 속담으로, 내 일도 감당하기 어려워 남의 사정을 돌볼 여유가 없다는 말.

傲	霜	孤	節
거만할 오	서리 상	외로울 고	마디 절
傲 傲 傲 傲 傲 傲 傲	霜 霜 霜 霜 霜 霜 霜	了 孑 孑 孤 孤 孤	節 節 節 節 節 節 節

오상고절

서릿발이 심한 추위 속에서도 굴하지 않고 홀로 꼿꼿하다는 뜻으로, 충신 또는 국화를 말함.

吳	越	同	舟
성씨 오	넘을 월	한 가지 동	배 주
吳吳吳吳吳吳吳	土丰走走越越越	月月月同同同	月月月月月舟
吳 吳	越 越	同 同	舟 舟

오월동주

오나라 사람과 월나라 사람이 한 배를 타고 있다는 뜻으로, 사이가 좋지 못한 사람끼리도 자기의 이익을 위해서는 행동을 같이 한다는 말.

烏	合	之	卒
까마귀 오	합할 합	갈 지	마칠 졸
烏烏烏烏烏烏烏	合合合合合合	之之之	卒卒卒卒卒卒卒卒
烏 烏	合 合	之 之	卒 卒

오합지졸

까마귀가 모인 것 같은 무리라는 뜻으로, 질서 없이 어중이떠중이가 모인 군중 또는 제각기 보잘것없는 수많은 사람을 일컫는 말.

玉	骨	仙	風
구슬 옥	뼈 골	신선 선	바람 풍
二 三 千 王 玉	冎 冎 冎 骨 骨 骨	仙 仙 仙 仙 仙	几 几 凡 風 風 風 風
玉 玉	骨 骨	仙 仙	風 風

옥골선풍

빛이 썩 희고 고결하여 신선과 같은 뛰어난 풍채와 골격을 말함.

屋	上	架	屋
집 옥	윗 상	시렁 가	집 옥
屋 屋 屋 屋 屋 屋	上 上 上	架 架 架 架 架 架	屋 屋 屋 屋 屋 屋
屋 屋	上 上	架 架	屋 屋

옥상가옥

지붕 위에 또 지붕을 얹는다는 뜻으로, 공연히 헛수고나 필요 없는 일을 이중으로 함을 말함.

溫	故	知	新
따뜻할 온	연고 고	알 지	새 신
溫 溫 泗 溫 溫 溫 溫	一 十 古 古 故 故 故	ㄥ ㄥ ㄐ ㄫ 矢 知 知 知	立 辛 辛 亲 新 新 新
溫 溫	故 故	知 知	新 新

온고지신

옛것을 익히고 그것을 미루어 새것을 앎.

蝸	角	之	爭
달팽이 와	뿔 각	갈 지	다툴 쟁
口 中 虫 虬 虯 蝸 蝸	角 角 角 角 角 角 角	亠 之 之	爭 爭 爭 爭 爭 爭 爭
蝸 蝸	角 角	之 之	爭 爭

와각지쟁

달팽이의 더듬이 위에서 싸운다는 뜻으로, 하찮은 일로 벌이는 싸움을 비유적으로 이르는 말.

曰	可	曰	否
가로 왈	옳을 가	가로 왈	아닐 부
日 冂 日 日	可 可 可 可	日 冂 日 日	否 否 不 不 否 否 否

왈가왈부

어떤 일에 대하여 옳거니 옳지 아니하거니 하고 말함.

外	柔	内	剛
바깥 외	부드러울 유	안 내	굳셀 강
外 夕 夕 外 外	柔 柔 柔 柔 柔 柔 柔	内 冂 内 内	剛 月 剛 剛 剛 剛 剛

외유내강

겉으로 보기에 는 부드러우나 속은 꿋꿋하고 강함.

樂	山	樂	水
좋아할 요	메 산	좋아할 요	물 수
自 自 自 的 細 絲 樂	丨 山 山	自 自 自 的 細 絲 樂	丿 刁 汀 水
樂 樂	山 山	樂 樂	水 水

요산요수

산을 좋아하고 물을 좋아한다 는 뜻으로, 산 수山水와 경치 를 좋아함을 이르는 말.

愚	公	移	山
어리석을 우	공평할 공	옮길 이	메 산
口 吊 吊 禺 禺 愚 愚	八 公 公 公	二 千 禾 禾 移 移 移	丨 山 山
愚 愚	公 公	移 移	山 山

우공이산

우공이 산을 옮긴다는 말 로, 남이 보기 엔 어리석은 일처럼 보이지 만 한 가지 일 을 끝까지 밀 고 나가면 언 젠가는 목적을 달성할 수 있 다는 뜻.

牛	溲	馬	勃
소 우	반죽할 수	말 마	노할 발
广 午 느 牛	溲 洺 洺 汿 泊 溲 溲	丨 厂 �511 厂 馬 馬 馬	勃 ㄅ 动 亡 亡 毫 亐 勃 勃
牛 牛	溲 溲	馬 馬	勃 勃

우수마발

소의 오줌과 말의 똥이라는 뜻으로, 가치 없는 말이나 글 또는 품질이 나빠 쓸 수 없는 약재 따위를 이르는 말.

韋	編	三	絶
가죽 위	엮을 편	석 삼	끊을 절
亠 나 查 直 査 堂 韋	編 糸 糸 糸 糸 絹 編	一 二 三	絶 絶 絶 紿 絶 絶 絶
韋 韋	編 編	三 三	絶 絶

위편삼절

공자가 읽던 책 끈이 세 번이나 끊어졌다는 뜻으로, 책을 열심히 읽음을 이르는 말.

有	名	無	實
있을 유	이름 명	없을 무	열매 실
ノ ナ オ 有 有 有	ノ ク タ タ 名 名	ー ニ 仁 無 無 無 無	宀 宀 宀 宙 审 審 實 實

유명무실

이름만 그럴듯 하고 실속은 없음.

有	備	無	患
있을 유	갖출 비	없을 무	근심 환
ノ ナ オ 有 有 有	亻 亻 仴 仴 備 備 備	ー ニ 仁 無 無 無 無	串 串 串 串 患 患 患 患

유비무환

미리 준비가 있으면 뒷걱정 이 없다는 뜻.

類	類	相	從
무리 유(류)	무리 유(류)	서로 상	좇을 종
類 類 類 類 類 類	類 類 類 類 類 類	一 十 木 相 相 相 相	從 從 從 從 從 從 從
類 類	類 類	相 相	從 從

유유상종

같은 무리 또는 종류끼리 서로 내왕하며 사귐.

唯	一	無	二
오직 유	한 일	없을 무	두 이
唯 唯 唯 唯 唯 唯 唯	一	無 無 無 無 無 無 無	二 二
唯 唯	一 一	無 無	二 二

유일무이

둘이 아니라 하나뿐이라는 뜻으로, 오직 하나밖에 없음을 이르는 말.

有	終	之	美
있을 유	마칠 종	갈 지	아름다울 미
ノ ナ 大 有 有 有	幺 糸 糸 紛 終 終	、 ン 之	丷 半 半 美 羊 美 美
有 有	終 終	之 之	美 美

유종지미

끝을 잘 맺는 아름다움이라는 뜻으로, 시작한 일을 끝까지 잘하여 결과가 좋음을 이르는 말.

隱	忍	自	重
숨을 은	참을 인	스스로 자	무거울 중
阝 阡 阥 陘 隱 隱 隱	ㄱ 刀 刃 忍 忍 忍 忍	亻 白 白 白 自 自	亡 亡 占 向 宙 重 重
隱 隱	忍 忍	自 自	重 重

은인자중

밖으로 드러내지 아니하고 참고 감추어 몸가짐을 신중히 함.

泣	斬	馬	謖
울 읍	벨 참	말 마	일어날 속
泣泣泣泣泣泣泣	画画車車斬斬斬	马厂厅厅馬馬馬	訋訋謖謖謖謖謖
泣 泣	斬 斬	馬 馬	謖 謖

읍참마속

눈물을 머금고 마속의 목을 벤다는 뜻으로, 사랑하는 신하를 법대로 처단하여 질서를 바로잡음을 이르는 말.

意	氣	衝	天
뜻 의	기운 기	찌를 충	하늘 천
意意意意意意意	气氣气气氣氣氣	衝衝衝衝衝衝衝	天二大大
意 意	氣 氣	衝 衝	天 天

의기충천

의지와 기개가 하늘을 찌를 듯함.

以	心	傳	心	**이심전심**
써 이	마음 심	전할 전	마음 심	석가와 가섭이 마음으로 마음에 전한다는 뜻으로, 마음과 마음이 통하고 말을 하지 않아도 의사가 전달됨을 의미함.
以以以以	心心心心	傳傳傳傳傳傳	心心心心	
以 以	心 心	傳 傳	心 心	

以	熱	治	熱	**이열치열**
써 이	더울 열	다스릴 치	더울 열	열로써 열을 다스린다는 뜻으로, 힘에는 힘으로 또는 강한 것에는 강한 것으로 상대함을 이르는 말.
以以以以	熱熱熱熱熱熱	治治治治治治	熱熱熱熱熱熱	
以 以	熱 熱	治 治	熱 熱	

以	夷	制	夷
써 이	오랑캐 이	절제할 제	오랑캐 이
以以以以以	夷夷夷夷夷夷	制制制制制制制制	夷夷夷夷夷夷
以 以	夷 夷	制 制	夷 夷

이이제이

오랑캐로 오랑캐를 무찌른다는 뜻으로, 한 세력을 이용하여 다른 세력을 제어함을 이르는 말.

泥	田	鬪	狗
진흙 이(니)	밭 전	싸울 투, 싸움 투	개 구
泥泥泥泥泥泥泥	田田田田田	鬪鬪鬪鬪鬪鬪鬪	狗狗狗狗狗狗狗
泥 泥	田 田	鬪 鬪	狗 狗

이전투구

진흙탕에서 싸우는 개라는 뜻으로, 강인한 성격의 함경도 사람을 이르는 말 또는 자기의 이익을 위하여 비열하게 다툼을 비유적으로 이르는 말.

人	命	在	天
사람 인	목숨 명	있을 재	하늘 천
ノ人	人人合合合命命	一ナオオ在在	一二干天
人 人	命 命	在 在	天 天

인명재천

사람의 목숨은 하늘에 있다는 뜻으로, 사람이 살고 죽는 것이나 오래 살고 못 사는 것이 모두 하늘에 달려 있어 사람으로서는 어찌할 수 없음을 이르는 말.

仁	者	樂	山
어질 인	놈 자	좋아할 요	메 산
ノイ仁仁	一十少光者者者	自自自纳纳樂樂	丨山山
仁 仁	者 者	樂 樂	山 山

인자요산

어진 사람은 의리에 만족하며 생각과 행동이 진중하고 심중이 두터워 그 마음이 태산과 같으므로 자연히 산을 좋아한다는 말.

人	之	常	情
사람 인	갈 지	항상 상	뜻 정
丿人	丶 ㇇ 之	常常常常常常常	忄忄忄忄忄情情情情
人 人	之 之	常 常	情 情

인지상정

인간으로서 가지는 보통의 인정 또는 생각.

一	刻	千	金
한 일	새길 각	일천 천	쇠 금
一	亥刻刻刻	㇒二千	仐仐仐仐仐仐金金
一 一	刻 刻	千 千	金 金

일각천금

아무리 짧은 시간이라도 천금과 같이 귀중함을 이르는 말.

一	擧	兩	得
한 일	들 거	두 양(량)	얻을 득
一	擧擧擧擧擧擧擧擧擧擧擧擧擧擧擧擧擧擧	一二二三四五六七	得得得得得得

일거양득

한 가지의 일로 두 가지의 이득을 봄. 일석이조一石二鳥

日	久	月	深
날 일	오랠 구	달 월	깊을 심
日日月日	人久久	刀月月月	深深深深深深深深深

일구월심

날이 오래고 달이 깊어간다는 뜻으로, 무언가 바라는 마음이 세월이 갈수록 더해짐을 이르는 말.

一	網	打	盡
한 일	그물 망	칠 타	다할 진
一	幺 幺 糸 糸 紀 網 網 網	一 十 才 才 打	一 尹 聿 聿 聿 盡 盡 盡
一 一	網 網	打 打	盡 盡

일망타진

그물을 한 번 쳐서 물고기를 모조리 잡는다는 뜻으로, 한 꺼번에 죄다 잡는다는 말.

一	目	瞭	然
한 일	눈 목	밝을 요(료)	그럴 연
一	丨 刀 月 月 目	目 目' 目' 瞭 瞭 瞭 瞭	夕 夕 夕 夕 然 然 然
一 一	目 目	瞭 瞭	然 然

일목요연

한 번 보고도 분명히 안다는 뜻으로, 잠깐 보고도 환하게 알 수 있음을 이르는 말.

一	絲	不	亂
한 일	실 사	아닐 **불**, 아닐 **부**	어지러울 **란**
一	𰼂 𰼂 𰼂 𰼂 𰼂 絲 絲	一 丆 不 不	𰼂 𰼂 𰼂 矞 矞 矞 亂

일사불란

한 오라기의 실도 흐트러지지 않았다는 뜻으로, 질서 정연하여 조금도 흔들림이 없음을 이르는 말.

一	瀉	千	里
한 일	쏟을 사	일천 천	마을 **리**
一	氵 汀 泸 泸 泻 瀉 瀉	一 二 千	丨 口 曰 曰 旦 甲 里 里

일사천리

강물이 쏟아져 단번에 천리를 간다는 뜻으로, 말이나 일의 진행이 조금도 거침없이 빨리 진행됨을 비유함.

一	魚	濁	水
한 일	물고기 어	흐릴 탁	물 수
一	⺈⺈⺈魚魚魚魚魚	氵氵氵氵氵濁濁濁	刂刂水水
一 一	魚 魚	濁 濁	水 水

일어탁수

물고기 한 마리가 큰물을 흐리게 한다는 뜻으로, 한 사람의 악행으로 인하여 여러 사람이 그 해를 받게 되는 것을 비유하는 말로 쓰임.

一	場	春	夢
한 일	마당 장	봄 춘	꿈 몽
一	土圵圵圷圽場場	一二夫夫表春春	艹芍芍苜苜苜夢夢
一 一	場 場	春 春	夢 夢

일장춘몽

한바탕의 봄꿈처럼 헛된 영화나 덧없는 일이란 뜻으로, 인생의 허무함을 비유하여 이르는 말.

一	觸	卽	發
한 일	닿을 촉	곧 즉	필 발
一	⺈ 𧢲 角 觗 觸 觸 觸	⺈ ⼉ ⽩ ⽩ ⾃ 皀 卽 卽	⼃ ⼂ ⺌ 癶 癶 發 發 發 發

일촉즉발

한 번 닿기만 하여도 곧 폭발한다는 뜻으로, 조그만 자극에도 큰일이 벌어질 것 같은 아슬아슬한 상태를 이르는 말.

一	寸	光	陰
한 일	마디 촌	빛 광	그늘 음
一	一 寸 寸	⼃ ⼂ ⼩ ⼩ 光 光	⼂ ⻖ ⻖ 陰 陰 陰 陰 陰

일촌광음

아주 짧은 시간.

一	筆	揮	之	**일필휘지**
한 일	붓 필	휘두를 **휘**	갈 지	단숨에 글씨나 그림을 줄기차게 쓰거나 그림.
一	筆筆竽竽竽筆筆	扌扌扩扩挕挕揮	之之之	

一	攫	千	金	**일확천금**
한 일	움킬 **확**	일천 천	쇠 금	한꺼번에 많은 돈을 얻는다는 뜻으로, 힘들이지 않고 한꺼번에 많은 재물을 얻음.
一	扌扩攫攫攫攫攫	二千千	仐仐仐仐仝金金金	

臨	戰	無	退
임할 **임**	싸움 **전**	없을 **무**	물러날 **퇴**
ㅣㅋㅌ 臣 臨 臨 臨	ㅁㅁ 單 單 戰 戰 戰	ㅅ ㄴ ㄴ 無 無 無 無	ㄱㅋㅋ 尸 尸 艮 退 退
臨 臨	戰 戰	無 無	退 退

임전무퇴

싸움에 임하여 물러섬이 없음을 이르는 말.

立	身	揚	名
설 **입(립)**	몸 **신**	날릴 **양**	이름 **명**
ㅣ ㄴ ㅗ 立	ㅣ ㄱ 竹 月 身 身	ㅣ ㅣ 扌 押 押 押 揚 揚	ㅣ ㄱ ㄅ 夕 名 名
立 立	身 身	揚 揚	名 名

입신양명

사회적으로 인정을 받고 출세하여 이름을 세상에 드날림 또는 후세에 이름을 떨쳐 부모를 영광되게 해 드리는 것을 이르는 말.

自	家	撞	着
스스로 자	집 가	칠 당	붙을 착
′ ′ ′ 自 自 自	宀 宀 宀 宀 家 家 家	十 才 扩 撞 撞 撞 撞	⺍ ⺀ 羊 羊 养 着 着
自 自	家 家	撞 撞	着 着

자가당착

자기의 언행이 전후 모순되어 들어맞지 않음을 이르는 말.

自	强	不	息
스스로 자	강할 강	아닐 불, 아닐 부	쉴 식
′ ′ ′ 自 自 自	弓 弓 弓 弱 弱 弱 强 强	一 丆 不 不	′ 冂 凢 自 自 息 息
自 自	强 强	不 不	息 息

자강불식

스스로 힘쓰고 몸과 마음을 가다듬어 쉬지 아니함.

自	繩	自	縛
스스로 자	노끈 승	스스로 자	얽을 박
自 自 自 自 自	糸 紆 紹 糿 縄 縄 繩	自 自 自 自 自	糸 紆 紳 絈 紳 縛 縛

자승자박

자기의 줄로 스스로를 묶는다는 말로 자기가 자기를 망치게 한다는 뜻.

自	我	省	察
스스로 자	나 아	살필 성	살필 찰
自 自 自 自 自	千 二 千 手 我 我 我	少 少 少 少 省 省 省	宀 宀 夗 夘 宛 察 察 察

자아성찰

자기의 마음을 반성하여 살핌.

自	業	自	得
스스로 자	업 업	스스로 자	얻을 득
自 自 白 白 自 自	業 業 業 業 業 業 業	自 自 白 白 自 自	得 得 得 得 得 得 得
自 自	業 業	自 自	得 得

자업자득

자기가 저지른 일의 과보를 자기 자신이 받음을 이르는 말. 인과응보因果應報

自	重	自	愛
스스로 자	무거울 중	스스로 자	사랑 애
自 自 白 白 自 自	重 重 重 重 重 重 重	自 自 白 白 自 自	愛 愛 愛 愛 愛 愛 愛
自 自	重 重	自 自	愛 愛

자중자애

말이나 행동, 몸가짐 따위를 삼가 신중하게 함 또는 스스로 자기 몸을 소중히 여기고 아낌.

自	畵	自	讚
스스로 자	그림 화	스스로 자	기릴 찬
′ ′ ′ 自 自 自	一 二 聿 書 書 書 畵	′ ′ ′ 自 自 自	言 言 言 讃 讃 讃 讚
自 自	畵 畵	自 自	讚 讚

자화자찬

자기가 그린 그림을 스스로 칭찬한다는 뜻으로, 자기가 한 일을 스스로 자랑함을 이르는 말.

張	三	李	四
베풀 장	석 삼	오얏 이	넉 사
′ ′ 引 引 張 張 張	一 二 三	一 十 才 木 本 李 李	丨 冂 冂 四 四
張 張	三 三	李 李	四 四

장삼이사

장씨의 셋째 아들과 이씨의 넷째 아들이란 뜻으로, 성명이나 신분이 뚜렷하지 못한 평범한 사람들을 일컫는 말.

才	子	佳	人
재주 재	아들 자	아름다울 가	사람 인
一 十 才	了 了 子	亻 亻 亻 亻 仹 仹 佳 佳	丿 人

재자가인

재주 있는 젊은 남자와 아름다운 여자.

赤	手	空	拳
붉을 적	손 수	빌 공	주먹 권
一 十 土 尹 赤 赤 赤	一 二 三 手	宀 宀 宀 宀 空 空 空	丷 半 半 半 奔 拳 拳

적수공권

맨손과 맨주먹이란 뜻으로, 아무것도 가진 것이 없음을 이르는 말.

適	材	適	所
맞을 적	재목 재	맞을 적	바 소
適適商商商適	一十木木杧村材	適適商商商適	冫ㅋ戸戸所所所
適 適	材 材	適 適	所 所

적재적소

알맞은 자리에 알맞은 인재를 등용함.

電	光	石	火
번개 전	빛 광	돌 석	불 화
電電電電電電電	止屮屮光光光	石丆石石石	火火火火
電 電	光 光	石 石	火 火

전광석화

번갯불이나 부싯돌의 불이 번쩍거리는 것과 같이 매우 짧은 시간이나 매우 재빠른 움직임 따위를 비유적으로 이르는 말.

前	途	洋	洋
앞 전	길 도	큰 바다 양	큰 바다 양
前前前前前前前	途途途余余余途途	洋洋洋洋洋洋洋	洋洋洋洋洋洋洋
前 前	途 途	洋 洋	洋 洋

전도양양

앞길이나 앞날이 크게 열리어 장래가 매우 밝음을 이르는 말.

前	無	後	無
앞 전	없을 무	뒤 후	없을 무
前前前前前前前	無無無無無無無	後後後後後後後	無無無無無無無
前 前	無 無	後 後	無 無

전무후무

전에도 없었고 앞으로도 있을 수 없음을 일컫는 말. 공전절후 空前絕後

戰	戰	兢	兢
싸움 전	싸움 전	떨릴 긍	떨릴 긍
門 冒 單 單 戰 戰	門 冒 單 單 戰 戰	兢 兢 兢 克 克 兢	兢 兢 兢 克 克 兢
戰	戰	戰	戰	兢	兢	兢	兢

전전긍긍

매우 두려워서 벌벌 떨며 겁 내는 심정을 비유한 말.

輾	轉	反	側
돌아누울 전	구를 전	돌이킬 반	곁 측
輾 車 軒 輾 輾 輾	車 軒 輕 轉 轉 轉	反 厂 仄 反	側 側 側 仄 仄 側
輾	輾	轉	轉	反	反	側	側

전전반측

이리저리 뒤척이며 잠을 이루지 못함을 이르는 말. 전전불매輾轉不寐

114

切	磋	琢	磨
끊을 절	갈 차	다듬을 탁	갈 마
一 七 切 切	石 石 砂 砂 磋 磋 磋	王 王 瑪 珂 珂 琢 琢	广 广 庐 麻 麻 廮 磨

절차탁마

옥이나 돌 따위를 갈고 닦아서 빛을 낸다는 뜻으로, 부지런히 학문과 덕행을 닦음을 이르는 말.

濟	世	安	民
건널 제	인간 세	편안 안	백성 민
濟 濟 濟 濟 濟 濟 濟	世 世 世 世 世	安 安 安 安 安 安	民 民 民 民 民

제세안민

세상을 구제하고 백성을 편안하게 함.

種	豆	得	豆
씨 종	콩 두	얻을 득	콩 두
种千禾秆秆種種	豆豆豆豆豆豆	律得得得得得得	豆豆豆豆豆豆

종두득두

콩을 심어 콩을 얻는다는 뜻으로, 원인에 따라 결과가 생긴다는 말.

坐	井	觀	天
앉을 좌	우물 정	볼 관	하늘 천
坐坐坐坐坐坐坐	二 二 井 井	花薙芽雚雚雚觀	天 二 天 天

좌정관천

우물 속에 앉아 하늘을 쳐다본다는 뜻으로, 견문이 매우 좁음 또는 세상 물정을 너무 모름을 이르는 말. 정저지와 井底之蛙, 정중지와 井中之蛙

左	之	右	之
왼 **좌**	갈 **지**	오른쪽 **우**	갈 **지**
左 ナ 左 た 左	之 之 之	ナ ナ た 右 右	之 之 之

좌지우지

왼쪽으로 돌렸다 오른쪽으로 돌렸다 한다는 뜻으로, 사람이 어떤 일이나 대상을 제 마음대로 처리하거나 다루는 것을 말함.

走	馬	加	鞭
달릴 **주**	말 **마**	더할 **가**	채찍 **편**
走 走 走 ナ た 走 走	馬 馬 馬 馬 馬 馬 馬	力 力 加 加 加	鞭 鞭 鞭 鞭 鞭 鞭 鞭

주마가편

달리는 말에 채찍을 더한다는 뜻으로, 잘하는 사람에게 더 잘하도록 장려함을 이르는 말.

酒	池	肉	林
술 주	못 지	고기 육	수풀 림
酒酒沔沔酒酒酒	池池池汇池池	冂冂内内肉肉	林十林林朴林林
酒 酒	池 池	肉 肉	林 林

주지육림

술은 못을 이루고 고기는 숲을 이룬다는 뜻으로, 매우 호화스럽고 방탕한 생활을 이르는 말.

衆	寡	不	敵
무리 중	적을 과	아닐 부, 아닐 불	대적할 적
衆衆衆衆衆衆衆	宁宍宭宭宣寅寡	不不不不	敵敵南商商敵敵
衆 衆	寡 寡	不 不	敵 敵

중과부적

적은 수효로는 많은 수효를 대적하지 못한다는 뜻 또는 적은 사람으로는 많은 사람을 이기지 못한다는 말.

芝	蘭	之	交
지초 지	난초 란	갈 지	사귈 교
芝芝芝芝芝芝芝	蘭蘭蘭蘭蘭蘭蘭	之之之	交交交交交交
芝 芝	蘭 蘭	之 之	交 交

지란지교

지초와 난초 같은 향기로운 사귐이라는 뜻으로, 벗 사이의 고상한 교제를 이르는 말.

指	鹿	爲	馬
가리킬 지	사슴 록	할 위	말 마
指指指指指指指	鹿鹿鹿鹿鹿鹿鹿	爲爲爲爲爲爲爲	馬馬馬馬馬馬馬
指 指	鹿 鹿	爲 爲	馬 馬

지록위마

사슴을 가리켜 말이라고 우긴 다는 뜻으로, 사실이 아닌 것을 사실로 만들어 강압으로 인정하게 됨 또는 윗사람을 농락하여 권세를 마음대로 휘두르는 것을 말함.

智	者	樂	水
슬기 지	놈 자	좋아할 요	물 수
智智智智智智智智	者者者者者者者者	樂樂樂樂樂樂樂	小水水水
智 智	者 者	樂 樂	水 水

지자요수

슬기로운 사람은 사리에 밝아 막힘이 없는 것이 흐르는 물과 같아서 물과 친하여 물을 즐김을 이르는 말.

知	彼	知	己
알 지	저 피	알 지	몸 기
知知知知知知知	彼彼彼彼彼彼彼	知知知知知知知	己己己
知 知	彼 彼	知 知	己 己

지피지기

적을 알고 나를 알아야 한다는 뜻으로, 적의 형편과 나의 형편을 자세히 알아야 한다는 의미.

倉	卒	之	間
곳집 **창**	마칠 **졸**	갈 **지**	사이 **간**
倉倉倉倉倉倉倉倉倉倉	卒卒卒卒卒卒卒卒	之之之	間間間間間間間間
倉 倉	卒 卒	之 之	間 間

창졸지간

미처 어찌할 수
도 없는 사이.

滄	海	一	粟
큰 바다 **창**	바다 **해**	한 **일**	조 **속**
滄滄滄滄滄滄滄	海海海海海海海		粟粟粟粟粟粟粟
滄 滄	海 海	一 一	粟 粟

창해일속

큰 바다에 던
져진 좁쌀 한
톨이라는 뜻으
로, 아주 많거
나 넓은 것 가
운데 있는 매
우 하찮고 작
은 것을 이르
는 말.

千	慮	一	得
일천 천	생각할 려	한 일	얻을 득
千千千	广广虍虍虍虍虍慮慮	一	得得得得得得得

천려일득

천 번을 생각하면 하나를 얻는다는 뜻으로, 어리석은 사람이라도 많은 생각을 하면 그 과정에서 한 가지쯤은 좋은 것이 나올 수 있음을 이르는 말.

千	慮	一	失
일천 천	생각할 려	한 일	잃을 실
千千千	广广虍虍虍虍虍慮慮	一	失失失失失

천려일실

천 번 생각에 한 번 실수라는 뜻으로, 슬기로운 사람이라도 여러 가지 생각 가운데에는 잘못되는 것이 있을 수 있음을 이르는 말.

天	方	地	軸
하늘 천	모 방	땅 지	굴대 축
天 天 天 天	方 方 方 方	地 地 地 地 地 地	軸 軸 軸 軸 軸 軸 軸
天 天	方 方	地 地	軸 軸

천방지축

하늘 방향이 어디이고 땅의 축이 어디인지 모른다는 뜻으로, 너무 바빠서 두서를 잡지 못하고 허둥대는 모습 또는 어리석은 사람이 갈 바를 몰라 두리번거리는 모습을 이르는 말.

天	生	緣	分
하늘 천	날 생	인연 연	나눌 분
天 天 天 天	生 生 生 生 生	緣 緣 緣 緣 緣 緣 緣	分 分 分 分
天 天	生 生	緣 緣	分 分

천생연분

하늘에서 정해 준 깊은 연분이란 뜻.

天	衣	無	縫	천의무봉
하늘 천	옷 의	없을 무	꿰맬 봉	천사의 옷은 꿰맨 흔적이 없다는 뜻으로, 일부러 꾸민 데 없이 자연스럽고 아름다우면서 완전함을 이르는 말.
天 二 子 天	衣 衣 亢 衣 衣 衣	乞 乞 乞 無 無 無 無	幺 糸 紗 終 縫 縫	

天	人	共	怒	천인공노
하늘 천	사람 인	한가지 공	성낼 노	하늘과 땅이 함께 분노한다는 뜻으로, 누구나 분노할 만큼 증오스럽거나 도저히 용납할 수 없음을 이르는 말.
天 二 子 天	人 人	共 共 共 共 共 共	怒 怒 怒 怒 怒 怒 怒	

千	載	一	遇
일천 천	실을 재	한 일	만날 우
千千千	載載畫軋載載載	一	遇遇昌遇禺禺遇

천재일우

천 년에 한 번 만난다는 뜻으로, 좀처럼 얻기 어려운 좋은 기회를 이르는 말. 천세일시 千歲一時

天	災	地	變
하늘 천	재앙 재	땅 지	변할 변
天夫大大	災災災災災災災	地地地圵地地	變變變楑辯變變

천재지변

하늘이나 땅에서 일어나는 재난 즉, 지진이나 홍수, 태풍 따위의 자연 현상으로 인한 재앙을 말함.

千	篇	一	律
일천 천	책 편	한 일	법칙 률
千二千	篇篇笙笻篇篇篇	一	律律律律律律律

여러 시문의 격조가 모두 비슷하여 개별적 특성이 없음을 뜻하는 말로, 여러 사물이 거의 비슷비슷하여 특색이 없음을 비유하여 이르는 말.

青	出	於	藍
푸를 청	날 출	어조사 어	쪽 람
青青青青青青青	出出出出出	於於方於於於於	藍藍藍藍藍藍藍

푸른색이 쪽에서 나왔으나 쪽보다 더 푸르다는 뜻으로, 제자가 스승보다 나은 것을 비유하는 말.

126

草	根	木	皮
풀 초	뿌리 근	나무 목	가죽 피
草草艹艹芇草草	根柅柅柅根根根	木十木木	皮皮皮皮皮

초근목피

풀뿌리와 나무 껍질이라는 뜻으로, 맛이나 영양 가치가 없는 거친 음식을 비유적으로 이르는 말.

初	志	一	貫
처음 초	뜻 지	한 일	꿸 관
初初初初初初初	志志志志志志志	一	貫貫貫貫貫貫貫

초지일관

처음에 세운 뜻을 끝까지 밀고 나감.

治	山	治	水
다스릴 **치**	메 **산**	다스릴 **치**	물 **수**
治治治治治治治	山山山	治治治治治治治	水水水水

치산치수

산과 물을 잘 다스려서 그 피해를 막음.

七	顚	八	起
일곱 **칠**	엎드러질 **전**	여덟 **팔**	일어날 **기**
七七	顚顚顚顚顚顚顚	八八	起起起起起起起

칠전팔기

일곱 번 넘어 졌다가 여덟 번째 일어난다 는 뜻으로, 여 러 번 실패해 도 굽히지 않 고 분투함을 일컫는 말.

針	小	棒	大
바늘 **침**	작을 **소**	막대 **봉**	큰 **대**
𠂆 𠂆 𠂆 𠂆 金 金 針	小 小 小	十 𣐇 𣐇 棒 棒 棒 棒	一 ナ 大
針 針	小 小	棒 棒	大 大

침소봉대

바늘만 한 것을 몽둥이만 하다고 말함이란 뜻으로, 작은 일을 크게 과장하여 말함을 이름.

快	刀	亂	麻
쾌할 **쾌**	칼 **도**	어지러울 **난(란)**	삼 **마**
快 快 快 忙 忙 快 快	丿 刀	亂 亂 亂 甬 甬 甬 亂	麻 麻 广 𠂆 麻 麻 麻
快 快	刀 刀	亂 亂	麻 麻

쾌도난마

헝클어진 삼을 잘 드는 칼로 자른다는 뜻으로, 복잡하게 얽힌 사물이나 비꼬인 문제들을 솜씨 있고 바르게 처리함을 비유해 이르는 말.

129

他	山	之	石
다를 **타**	메 **산**	갈 **지**	돌 **석**
亻亻仁他他	丨山山	之之之	石丆石石石
他 他	山 山	之 之	石 石

타산지석

다른 산의 나쁜 돌도 자기의 구슬을 가는 데에 쓸 수 있다는 말로, 다른 사람의 하찮은 언행일지라도 자기의 지덕을 연마하는 데에 도움이 된다는 말.

泰	山	北	斗
클 **태**	메 **산**	북녘 **북**	말 **두**
三キ夫赤泰泰	丨山山	丬丬扎北北	丷丷二斗
泰 泰	山 山	北 北	斗 斗

태산북두

태산과 북두칠성을 여러 사람이 우러러보듯이 남에게 존경받는 뛰어난 사람을 비유적으로 이르는 말.

兎	死	狗	烹
토끼 **토**	죽을 **사**	개 **구**	삶을 **팽**
兎兎兎兎兎兎兎	死死死死死死	狗狗狗狗狗狗狗	烹烹烹烹烹烹烹
兎 兎	死 死	狗 狗	烹 烹

토사구팽

사냥하러 가서 토끼를 잡으면 사냥하던 개는 쓸모가 없게 되어 삶아 먹는다는 뜻으로, 필요할 때 요긴하게 써 먹고 쓸모가 없어지면 가혹하게 버린다는 의미.

破	顔	大	笑
깨뜨릴 **파**	낯 **안**	큰 **대**	웃음 **소**
破破破破破破破	顔顔顔顔顔顔顔	大大大	笑笑笑笑笑笑笑
破 破	顔 顔	大 大	笑 笑

파안대소

얼굴이 찢어지도록 크게 웃는다는 뜻으로, 즐거운 표정으로 한바탕 크게 웃음을 이르는 말.

表	裏	不	同
겉 표	속 리	아닐 **불**, 아닐 **부**	한가지 동
一 丰 丰 夫 表 表 表	亠 㐄 㪇 㪇 㪇 裏 裏	一 丆 不 不	丨 冂 冂 同 同 同
表 表	裏 裏	不 不	同 同

표리부동

겉과 속이 같지 않다는 뜻으로, 겉으로 드러나는 언행과 속으로 갖는 생각이 다름을 일컫는 말.

風	樹	之	歎
바람 풍	나무 수	갈 지	탄식할 **탄**
丿 几 几 凨 風 風 風	十 木 杧 杜 桂 樹 樹	丶 ﹀ 之	一 芅 芭 堇 菫 歎 歎
風 風	樹 樹	之 之	歎 歎

풍수지탄

효도를 다하지 못한 채 어버이를 여읜 자식의 슬픔을 이르는 말.

夏	爐	冬	扇	**하로동선**
여름 하	화로 로	겨울 동	부채 선	여름의 화로와 겨울의 부채라는 뜻으로, 격이나 철에 맞지 아니함을 이르는 말.
一 丆 丙 百 百 夏 夏	火 灯 灯 炉 炉 爐 爐	冫 夂 冬 冬 冬	丬 亣 户 户 扇 扇 扇	
夏 夏	爐 爐	冬 冬	扇 扇	

邯	鄲	之	夢	**한단지몽**
조나라 서울 한	조나라 서울 단	갈 지	꿈 몽	한단에서 꾼 꿈이란 뜻으로, 인생의 부귀영화는 일장춘몽과 같이 허무함을 이르는 말. 일장춘몽一場春夢, 남가지몽南柯之夢
一 十 廿 甘 甘 邯 邯	鄲 昂 昂 單 單 鄲 鄲	之 之 之	艹 莳 莳 莳 莳 夢 夢	
邯 邯	鄲 鄲	之 之	夢 夢	

汗	牛	充	棟
땀 한	소 우	채울 충	마룻대 동
汗汗汗汗汗汗	牛午午牛	充充充充充充	棟梀栋梀椋椋棟棟
汗 汗	牛 牛	充 充	棟 棟

한우충동

수레에 실어 운반하면 소가 땀을 흘리게 되고, 쌓아올리면 들보에 닿을 정도의 양이라는 뜻으로, 장서가 많음을 이르는 말.

咸	興	差	使
다 함	일 흥	다를 차	하여금 사
咸厂瓜咸咸咸咸	興興與與興興興	差差差差差差差	使使仁仁仨使使
咸 咸	興 興	差 差	使 使

함흥차사

심부름꾼이 가서 소식이 없거나 또는 회답이 더딜 때의 비유.

虛	張	聲	勢
빌 허	베풀 장	소리 성	형세 세
虚虚虚虚虚虚	張弓引弘張張張	虚言声殸殸聲聲	丰打打执执势势

허장성세

헛되이 목소리의 기세만 높인다는 뜻으로, 실력이 없으면서도 허세로만 떠벌림을 이르는 말.

軒	軒	丈	夫
집 헌	집 헌	어른 장	지아비 부
軒車日車軒軒軒	軒車日車軒軒軒	丈ナ丈	大二夫夫

헌헌장부

외모가 준수하고 풍채가 당당한 남자.

螢	雪	之	功
반딧불이 형	눈 설	갈 지	공 공
⺍ ⺌ ⺍⺍ ⺍⺍ 螢 螢 螢	一 ⻗ ⻗ 雪 雪 雪 雪	一 ㇆ 之	一 フ 工 功 功
螢 螢 雪 雪 之 之 功 功			

형설지공

반딧불이와 눈빛으로 이룬 공이라는 뜻으로, 가난을 이겨내며 반딧불이와 눈빛으로 글을 읽어가며 고생 속에서 공부하여 이룬 공을 일컫는 말.

狐	假	虎	威
여우 호	거짓 가	범 호	위엄 위
⺈ ⺘ ⺘ ⺘ 狐 狐	亻 亻 伊 作 假 假 假	上 广 庐 虎 虎 虎	厂 厂 反 反 威 威 威
狐 狐 假 假 虎 虎 威 威			

호가호위

여우가 범의 위세를 빌려 호기를 부린다는 뜻으로, 남의 세력을 빌어 위세를 부림.

糊	口	之	策
풀칠할 호	입 구	갈 지	꾀 책
糊糊糊糊糊糊糊	口口口	之之之	策策策筜筜策策
糊 糊	口 口	之 之	策 策

호구지책

입에 풀칠한다는 뜻으로, 가난한 살림에서 그저 겨우 먹고 살아가는 방책.

虎	死	留	皮
범 호	죽을 사	머무를 유(류)	가죽 피
虎虎虎虎虎虎虎	死死死死死死	留留留留留留留	皮皮皮皮皮
虎 虎	死 死	留 留	皮 皮

호사유피

범이 죽으면 가죽을 남긴다는 뜻으로, 사람도 죽은 뒤에 이름을 남겨야 한다는 말.

胡	蝶	之	夢
오랑캐 이름 호	나비 접	갈 지	꿈 몽
一 十 古 古 胡 胡 胡	吟 蝘 蜒 蝶 蝶 蝶 蝶	一 之 之	苴 苴 苩 芦 夢 夢 夢
胡 胡	蝶 蝶	之 之	夢 夢

호접지몽

장자가 나비가 되어 날아다닌 꿈으로, 현실과 꿈의 구별이 안 되는 것 또는 인생의 덧없음을 비유한 말.

惑	世	誣	民
미혹할 혹	인간 세	속일 무	백성 민
㦯 或 或 或 惑 惑	一 十 丗 世 世	訂 訏 訏 訐 誣 誣	㞋 尸 尸 民 民
惑 惑	世 世	誣 誣	民 民

혹세무민

세상을 어지럽히고 백성을 속이는 것.

昏	定	晨	省
어두울 **혼**	정할 **정**	새벽 **신**	살필 **성**
昏昏昏氏氐昏昏	定定定宀宇定定	目晨昆昆晨晨晨	省省省少省省省
昏 昏	定 定	晨 晨	省 省

혼정신성

저녁에는 잠자리를 보아 드리고 아침에는 문안을 드린다는 뜻으로, 자식이 아침저녁으로 부모의 안부를 물어서 살핌을 이르는 말.

畵	蛇	添	足
그림 **화**	긴 뱀 **사**	더할 **첨**	발 **족**
畵畵畵畵畵畵畵	蛇蛇虫虫蛇蛇蛇	添添添添添添添	足足足足足足足
畵 畵	蛇 蛇	添 添	足 足

화사첨족

뱀을 그리고 발을 더한다는 뜻으로, 하지 않아도 될 일을 하거나 필요 이상으로 쓸데없는 일을 하여 도리어 실패함을 이르는 말.

花	容	月	態
꽃 화	얼굴 용	달 월	모습 태
花花花花花花花	宀宀宀宀宀容容	月月月月	能能能能能能能

화용월태

꽃다운 얼굴과 달 같은 자태 라는 뜻으로, 아름다운 여자 의 고운 자태 를 이르는 말.

喜	喜	樂	樂
기쁠 희	기쁠 희	즐길 낙(락)	즐길 락
一士吉吉吉吉喜喜	一士吉吉吉吉喜喜	自自自自樂樂	自自自自樂樂

희희낙락

매우 기뻐하고 즐거워함.

부록

- 한 자에 둘 이상의 다른 음이 있는 글자

- 혼동하기 쉬운 한자

- 뜻이 비슷하거나 반대되는 한자 · 한자어

- 5급~8급 필순

한 자에 둘 이상의 다른 음이 있는 글자 [同字異音語]

降 내릴 강　降雨강우, 昇降승강
　　항복할 항　降伏항복, 投降투항

更 다시 갱　更生갱생, 更紙갱지
　　고칠 경　更張경장, 三更삼경

車 수레 거　四輪車사륜거
　　수레 차　車票차표, 馬車마차

見 볼 견　見聞견문, 一見일견
　　뵈올 현　謁見알현, 露見노현

告 고할 고　告示고시, 豫古예고
　　청할 곡　告寧곡녕,
　　　　　　　出必告출필곡

串 꿸 관　串童관동, 串戲관희
　　꼬챙이 찬　串子찬자, 官串관찬
　　땅이름 곶　甲串갑곶(地名)

龜 거북 구　龜浦구포(地名),
　　　　　　　龜茲구자(國名)
　　거북 귀　龜鑑귀감,
　　　　　　　龜尾兎角귀미토각
　　터질 균　龜裂균열, 龜坼균탁

金 쇠 금　金品금품, 賞金상금
　　성 김　金氏김씨.
　　　　　　金浦김포(地名)

奈 어찌 나　奈落나락
　　어찌 내　奈何내하

南 남녘 남　南北남북
　　범어 나　南無나무

帑 처자 노　妻帑처노, 鳥帑조노
　　금고 탕　內帑金내탕금,
　　　　　　　帑庫탕고

茶   차 다   茶菓다과, 點茶점다,
　　　　　　 茶洞다동(地名)
　　　 차 차   紅茶홍차, 葉茶엽차

宅   집 댁   宅內댁내, 宅下人댁하인
　　　 집 택   宅地택지, 住宅주택

度   법도 도   度數도수, 年度년도
　　　 헤아릴 탁   度支部탁지부
　　　　　　 忖度촌탁

讀   읽을 독   讀書독서, 耽讀탐독
　　　 구절 두   吏讀이두, 句讀구두

洞   마을 동   洞里동리, 合洞합동
　　　 살필 통   洞察통찰, 洞燭통촉

屯   진칠 둔   屯田둔전, 駐屯주둔
　　　 험할 준   屯困준곤, 屯險준험

樂   즐길 락   樂園낙원
　　　 좋아할 요   樂山樂水요산요수

反   돌이킬 반   反亂반란, 違反위반
　　　 어려울 번   反田번전, 反胃번위

白   흰 백   白骨백골
　　　 아뢸 백   主人白주인백

便   똥오줌 변   便所변소, 小便소변
　　　 편할 편   便理편리, 郵便우편

復   돌아올 복   復歸복귀, 恢復회복
　　　 다시 부   復活부활, 復興부흥

父   아비 부   父母부모, 生父생부
　　　 자 보   尙父상보, 尼父이보

否   아닐 부   否決부결, 可否가부
　　　 막힐 비   否塞비색, 否運비운

北   북녘 북   北進북진, 南北남북
　　　 달아날 배   敗北패배

分   나눌 분   分裂분열, 部分부분
　　　 푼 푼   分錢푼전

不   아닐 불   不死草불사초
　　　 아닐 부   不動産부동산,
　　　　　　 不在부재

沸   끓을 비   沸騰비등, 煮沸자비
　　　 용솟음할 불   沸水불수,
　　　　　　 沸然불연

寺   절 사   寺刹사찰, 本寺본사
　　　 관청 시   寺人시인

殺 죽일 **살** 殺生살생, 死殺사살 빠를 **쇄** 殺到쇄도, 相殺상쇄	數 셀 **수** 數學수학, 運數운수 자주 **삭** 數白삭백, 頻數빈삭
狀 형상 **상** 狀況상황, 狀態상태 문서 **장** 狀啓장계, 賞狀상장	宿 잘 **숙** 宿泊숙박, 路宿노숙 별자**수** 宿曜수요, 　　　　二十八宿이십팔수
索 찾을 **색** 索引색인, 思索사색 쓸쓸할, 노 **삭** 索莫삭막, 　　　　索道삭도	食 밥 **식** 食堂식당, 　　　　美食家미식가 먹을 **사** 食氣사기, 蔬食소사
塞 막힐 **색** 塞源색원, 閉塞폐색 요새 **새** 塞翁之馬새옹지마, 　　　　要塞요새	十 열 **십** 十二支십이지 열번째 **시** 十月시월, 　　　　十方世界시방세계
說 말씀 **설** 說得설득, 學說학설 달랠 **세** 說客세객, 遊說유세 기쁠 **열** 說喜열희, 　　　　不亦說乎불역열호	什 열사람 **십** 什長십장, 什六십육 세간 **집** 什器집기, 佳什가집
省 살필 **성** 省墓성묘, 反省반성 덜 **생** 省略생략, 省力생력	惡 악할 **악** 惡漢악한, 懲惡징악 미워할 **오** 惡寒오한, 憎惡증오
率 거느릴 **솔** 率先솔선, 引率인솔 비율 **률** 率身율신, 能率능률	於 어조사 **어** 於是乎어시호, 　　　　於焉間어언간 탄식할 **오** 於兎오토, 於乎오호
衰 쇠할 **쇠** 衰退쇠퇴, 盛衰성쇠 상옷 **최** 衰服최복	葉 입 **엽** 葉書엽서, 落葉낙엽 성 **섭** 葉氏섭씨, 　　　　迦葉가섭(人名)

| 六 | 여섯 육 六法육법 |
| | 여섯번 유 五六月오뉴월 |

| 易 | 쉬울 이 易慢이만, 難易난이 |
| | 바꿀 역 易學역학, 貿易무역 |

| 咽 | 목구멍 인 咽喉인후, 咽頭인두 |
| | 목멜 열 嗚咽오열 |

| 炙 | 구울 자 炙背자배, 膾炙회자 |
| | 구울 적 炙鐵적철, 散炙산적 |

刺	찌를 자 刺戟자극, 諷刺충자
	찌를 척 刺殺척살, 刺船척선
	수라 라 水刺수라

| 場 | 마당 장 場所장소 |
| | 마당 량 道場도량 |

| 抵 | 막을 저 抵抗저항, 根低當근저당 |
| | 칠 지 抵掌지장 |

| 著 | 나타날 저 著述저술, 顯著현저 |
| | 붙을 착 著近착근, 附著부착 |

| 切 | 끊을 절 切迫절박, 一切일절 |
| | 온통 체 一切일체 |

提	끌 제 提携제휴, 前提전제
	떼지어날 시 提提시시
	깨달을 리 菩提授보리수

| 佐 | 도울 좌 補佐보좌 |
| | 도울 자 佐飯자반 |

| 辰 | 별 진 辰時진시, 日辰일진 |
| | 새벽 신 生辰생신, 星辰성신 |

徵	부를 징 徵兵징병, 象徵상징
	음률 치 宮尙角徵羽
	궁상각치우(五音오음)

| 差 | 다를 차 差別차별, 格差격차 |
| | 차별 치 差參치참, 差輕치경 |

| 帖 | 표제 첩 帖着첩착, 手帖수첩 |
| | 체지 체 帖文체문, 帖紙체지 |

| 諦 | 살필 체 諦念체념, 妙諦묘체 |
| | 울 제 眞諦진제, 三諦삼제 |

| 丑 | 소 축 丑時축시 |
| | 이름 추 公孫丑공손추(人名) |

| 則 | 법칙 칙 則度칙도, 規則규칙 |
| | 곧 즉 然則연즉 |

沈	잠길 **침** 沈沒침몰, 擊沈격침 성 **심** 沈氏심씨
拓	박을 **탁** 拓本탁본, 拓落탁락 넓힐 **척** 拓殖척식, 開拓개척
跛	절름발이 **파** 跛行파행, 　　　　　　跛蹇파건 비스듬히설 **피** 跛立피립, 　　　　　　跛依피의
婆	할미 **파** 婆娑파사, 老婆노파 세상 **바** 婆羅門바라문, 　　　　　婆婆世界사바세계
八	여덟 **팔** 八日팔일 여덟번 **파** 四月初八日 　　　　　사월초파일

布	펼 **포** 布告포고, 頒布반포 보시 **보** 布施보시
暴	사나울 **폭** 暴動폭동, 亂暴난폭 사나울 **포** 暴惡포악, 橫暴횡포
皮	가죽 **피** 皮革피혁, 木皮목피 가죽 **비** 鹿皮녹비
行	다닐 **행** 行列행렬, 決行결행 항렬 **항** 行列항렬, 叔行숙항
陜	좁을 **협** 陜隘협애, 山陜산협 땅이름 **합** 陜川합천(地名)
滑	미끄러울 **활** 滑走路활주로, 　　　　　　圓滑원활 익살스러울 **골** 滑稽골계

혼동하기 쉬운 한자

佳	아름다울 가 (佳人 가인)	甲	첫째천간 갑 (甲乙 갑을)	鋼	굳셀 강 (鋼鐵 강철)
住	살 주 (住宅 주택)	申	펼 신 (申告 신고)	綱	벼리 강 (綱領 강령)
往	갈 왕 (往來 왕래)	由	말미암을 유 (理由 이유)	網	그물 망 (魚網 어망)
閣	누각 각 (樓閣 누각)	田	밭 전 (田畓 전답)	腔	빈속 강 (腹腔 복강)
閤	쪽문 합 (守閤 수합)	幹	줄기 간 (基幹 기간)	控	당길 공 (控除 공제)
刻	새길 각 (彫刻 조각)	斡	구를 알 (斡旋 알선)	儉	검소할 검 (儉素 검소)
核	씨 핵 (核心 핵심)	干	방패 간 (干城 간성)	險	험할 험 (險難 험난)
該	그 해 (該當 해당)	于	어조사 우 (于先 우선)	檢	검사할 검 (點檢 점검)
殼	껍질 각 (貝殼 패각)	鬼	귀신 귀 (鬼神 귀신)	件	물건 건 (要件 요건)
穀	곡식 곡 (穀食 곡식)	蒐	모을 수 (蒐集 수집)	伴	짝 반 (同伴 동반)
毅	굳셀 의 (毅然 의연)	減	덜 감 (減少 감소)	建	세울 건 (建築 건축)
		滅	멸망할 멸 (滅亡 멸망)	健	건강할 건 (健康 건강)

犬	개 견 (猛犬맹견)	
大	큰 대 (大將대장)	
丈	어른 장 (方丈방장)	
太	클 태 (太極태극)	
坑	구덩이 갱 (坑道갱도)	
抗	겨룰 항 (抵抗저항)	
堅	굳을 견 (堅實견실)	
竪	세울 수 (竪立수립)	
決	결단할 결 (決定결정)	
快	쾌할 쾌 (豪快호쾌)	
境	경계 경 (終境종경)	
意	뜻 의 (謝意사의)	
更	고칠 경 (變更변경)	
吏	벼슬 리 (吏房리방)	
曳	끌 예 (曳引예인)	
競	다툴 경 (競爭경쟁)	
兢	삼갈 긍 (兢戒긍계)	

頃	잠깐 경 (頃刻경각)	
頂	정수리 정 (頂上정상)	
項	목덜미 항 (項目항목)	
計	셈할 계 (計算계산)	
訃	부음 부 (訃音부음)	
戒	경계할 계 (警戒경계)	
戎	병기 융 (戎車융거)	
季	철 계 (季節계절)	
李	자두 리 (行李행리)	
秀	빼어날 수 (優秀우수)	
階	섬돌 계 (階段계단)	
陸	뭍 륙 (陸地육지)	
苦	괴로울 고 (苦難고난)	
若	만약 약 (萬若만약)	
孤	외로울 고 (孤獨고독)	
狐	여우 호 (白狐백호)	

困	곤할 곤 (疲困피곤)	
囚	가둘 수 (囚人수인)	
因	인할 인 (因緣인연)	
汨	빠질 골 (汨沒골몰)	
泊	쉴 박 (宿泊숙박)	
壞	무너질 괴 (破壞파괴)	
壤	흙 양 (土壤토양)	
勸	권할 권 (勸善권선)	
權	권세 권 (權利권리)	
攻	칠 공 (攻擊공격)	
切	끊을 절 (切斷절단)	
巧	공교로울 교 (技巧기교)	
寡	적을 과 (多寡다과)	
裏	속 리 (表裏표리)	
囊	주머니 낭 (行囊행낭)	
科	과정 과 (科目과목)	
料	헤아릴 료 (料量료량)	

拘	잡을 구 (拘束구속)	難	어려울 난 (困難곤난)	領	거느릴 령 (首領수령)
抱	안을 포 (抱擁포옹)	離	떠날 리 (離別이별)	頒	나눌 반 (頒布반포)
汲	물길을 급 (汲水급수)	納	들일 납 (納入납입)	頌	칭송할 송 (頌歌송가)
吸	마실 흡 (呼吸호흡)	紛	어지러울 분 (紛爭분쟁)	待	기다릴 대 (期待기대)
貴	귀할 귀 (富貴부귀)	奴	종 노 (奴隸노예)	侍	모실 시 (侍女시녀)
責	꾸짖을 책 (責望책망)	如	같을 여 (如一여일)	戴	일 대 (負戴부대)
斤	근 근 (斤量근량)	短	짧을 단 (短劍단검)	載	실을 재 (積載적재)
斥	무리칠 척 (排斥배척)	矩	법 구 (矩步구보)	徒	걸어다닐 도 (徒步도보)
己	몸 기 (自己자기)	旦	일찍 단 (元旦원단)	徙	옮길 사 (移徙이사)
已	이미 이 (已往이왕)	且	또 차 (且置차치)	都	도읍 도 (首都수도)
瓜	오이 과 (木瓜목과)	端	단정할 단 (端正단정)	部	나눌 부 (部分부분)
爪	손톱 조 (爪牙조아)	瑞	상서로울 서 (瑞光서광)	蹈	밟을 도 (舞蹈무도)
肯	즐길 긍 (肯定긍정)	貸	빌릴 대 (轉貸전대)	踏	밟을 답 (踏襲답습)
背	등 배 (背信배신)	賃	품삯 임 (賃金임금)	卵	알 란 (鷄卵계란)
棄	버릴 기 (棄兒기아)	代	대신할 대 (代用대용)	卯	토끼 묘 (卯時묘시)
葉	잎 엽 (落葉낙엽)	伐	칠 벌 (討伐토벌)	剌	고기뛰는소리 랄 (潑剌발랄)
				刺	찌를 자 (刺戟자극)

憐	가련할 련 (憐憫연민)	昧	어두울 매 (三昧삼매)	微	작을 미 (微笑미소)
隣	이웃 린 (隣近인근)	味	맛 미 (味覺미각)	徵	부를 징 (徵集징집)
輪	바퀴 륜 (輪廻윤회)	眠	쉴 면 (睡眠수면)	拍	손뼉칠 박 (拍手박수)
輸	실어낼 수 (輸出수출)	眼	눈 안 (眼目안목)	栢	잣나무 백 (冬栢동백)
暮	저물 모 (日暮일모)	免	면할 면 (免除면제)	薄	엷을 박 (薄明박명)
募	모을 모 (募集모집)	兎	토끼 토 (兎皮토피)	簿	장부 부 (帳簿장부)
慕	사모할 모 (思慕사모)	鳴	울 명 (悲鳴비명)	迫	핍박할 박 (逼迫핍박)
栗	밤 률 (栗木율목)	嗚	탄식할 오 (嗚咽오열)	追	쫓을 추 (追憶추억)
粟	조 속 (粟豆속두)	母	어미 모 (母情모정)	飯	밥 반 (白飯백반)
理	다스릴 리 (倫理윤리)	毋	말 무 (毋論무론)	飲	마실 음 (飲料음료)
埋	묻을 매 (埋葬매장)	貫	꿸 관 (貫句관구)	倣	본뜰 방 (模倣모방)
漠	사막 막 (沙漠사막)	侮	업신여길 모 (侮辱모욕)	做	지을 주 (看做간주)
模	법 모 (模範모범)	悔	뉘우칠 회 (後悔후회)	番	차례 번 (番號번호)
幕	장막 막 (天幕천막)	沐	목욕할 목 (沐浴목욕)	審	살필 심 (審査심사)
墓	무덤 묘 (墓地묘지)	休	쉴 휴 (休息휴식)	罰	벌줄 벌 (罰金벌금)
末	끝 말 (末路미로)	戊	다섯째천간 무 (戊時무시)	罪	죄 죄 (犯罪범죄)
未	아닐 미 (未來미래)	戌	개 술 (甲戌年갑술년)		

壁	벽 벽 (土壁토벽)	氷	얼음 빙 (解氷해빙)	查	조사할 사 (調査조사)
璧	둥근옥 벽 (完璧완벽)	永	길 영 (永久영구)	杳	아득할 묘 (杳然묘연)
變	변할 변 (變化변화)	士	선비 사 (紳士신사)	衰	쇠할 쇠 (衰退쇠퇴)
燮	화할 섭 (燮理섭리)	土	흙 토 (土地토지)	衷	속마음 충 (衷心충심)
辨	분별할 변 (辨明변명)	使	부릴 사 (使用사용)	哀	슬플 애 (哀惜애석)
辦	힘쓸 판 (辦公費판공비)	便	편할 편 (簡便간편)	表	드러날 표 (表現표현)
博	넓을 박 (博士박사)	仕	벼슬 사 (奉仕봉사)	涉	건널 섭 (干涉간섭)
傅	스승 부 (師傅사부)	任	맡길 임 (任務임무)	陟	오를 척 (三陟삼척)
傳	전할 전 (傳受전수)	捨	버릴 사 (取捨취사)	書	글 서 (書房서방)
普	넓을 보 (普通보통)	拾	주을 습 (拾得습득)	晝	낮 주 (晝夜주야)
晋	나라 진 (晋州진주)	師	스승 사 (恩師은사)	畫	그림 화 (畫家화가)
奉	받들 봉 (奉養봉양)	帥	장수 수 (將帥장수)	雪	눈 설 (殘雪잔설)
奏	아뢸 주 (演奏연주)	思	생각할 사 (思想사상)	雲	구름 운 (雲霧운무)
奮	떨칠 분 (興奮흥분)	惠	은혜 혜 (恩惠은혜)	牲	희생 생 (犧牲희생)
奪	빼앗을 탈 (奪取탈취)	社	모일 사 (會社회사)	姓	일가 성 (姓氏성씨)
貧	가난할 빈 (貧弱빈약)	祀	제사 사 (祭祀제사)	恕	용서할 서 (容恕용서)
貪	탐할 탐 (貪慾탐욕)			怒	성낼 노 (怒氣노기)

棲	살 서 (棲息서식)	送	보낼 송 (放送방송)	粹	순수할 수 (精粹정수)
捷	이길 첩 (大捷대첩)	迭	바꿀 질 (更迭갱질)	碎	부술 쇄 (粉碎분쇄)
析	쪼갤 석 (分析분석)	旋	돌 선 (旋律선율)	遂	이룩할 수 (完遂완수)
折	꺾을 절 (折枝절지)	施	베풀 시 (實施실시)	逐	쫓을 축 (驅逐구축)
晳	밝을 석 (明晳명석)	唆	부추길 사 (示唆시사)	授	줄 수 (授受수수)
哲	밝을 철 (哲學철학)	悛	고칠 전 (改悛개전)	援	구원할 원 (救援구원)
惜	아낄 석 (惜別석별)	塞	변방 새 (要塞요새)	須	반드시 수 (必須필수)
借	빌 차 (借用차용)	寒	찰 한 (寒食한식)	順	순할 순 (順從순종)
宣	베풀 선 (宣傳선전)	撒	뿌릴 살 (撒布살포)	伸	펼 신 (伸張신장)
宜	마땅할 의 (便宜편의)	徹	관철할 철 (貫徹관철)	仲	버금 중 (仲秋節중추절)
失	잃을 실 (失敗실패)	象	코끼리 상 (象牙상아)	深	깊을 심 (夜深야심)
矢	화살 시 (嚆矢효시)	衆	무리 중 (衆生중생)	探	더듬을 탐 (探究탐구)
夭	일찍죽을 요 (夭折요절)	識	알 식 (識見식견)	延	끌 연 (延期연기)
俗	속될 속 (俗世속세)	織	짤 직 (織物직물)	廷	조정 정 (朝廷조정)
裕	넉넉할 유 (餘裕여유)	職	맡을 직 (職位직위)	緣	인연 연 (因緣인연)
損	덜 손 (缺損결손)	膝	무릎 슬 (膝下슬하)	綠	초록빛 록 (草綠초록)
捐	기부 연 (義捐金의연금)	勝	이길 승 (勝利승리)		

沿	좇을 연 (沿革연혁)	厄	재앙 액 (厄運액운)	威	위엄 위 (威力위력)
治	다스릴 치 (政治정치)	危	위태할 위 (危險위험)	咸	다 함 (咸集함집)
鹽	소금 염 (鹽田염전)	冶	쇠불릴 야 (陶冶도야)	惟	생각할 유 (思惟사유)
監	볼 감 (監督감독)	治	다스릴 치 (政治정치)	推	밀 추 (推進추진)
營	경영할 영 (經營경영)	與	줄 여 (授與수여)	幼	어릴 유 (幼年유년)
螢	반딧불 형 (螢光형광)	興	일어날 흥 (興亡흥망)	幻	허깨비 환 (幻想환상)
譽	명예 예 (名譽명예)	瓦	기와 와 (瓦解와해)	遺	남길 유 (遺物유물)
擧	들 거 (擧事거사)	互	서로 호 (相互상호)	遣	보낼 견 (派遣파견)
汚	더러울 오 (汚染오염)	浴	목욕할 욕 (浴室욕실)	玉	구슬 옥 (珠玉주옥)
汗	땀 한 (汗蒸한증)	沿	좇을 연 (沿革연혁)	王	임금 왕 (帝王제왕)
雅	우아할 아 (優雅우아)	宇	집 우 (宇宙우주)	壬	북방 임 (壬辰임진)
稚	어릴 치 (幼稚유치)	字	글자 자 (文字문자)	凝	엉길 응 (凝結응결)
謁	아뢸 알 (謁見알현)	熊	곰 웅 (熊膽웅담)	疑	의심할 의 (疑心의심)
揭	들 게 (揭示게시)	態	태도 태 (世態세태)	剩	남을 잉 (剩餘잉여)
仰	우러를 앙 (信仰신앙)	園	동산 원 (庭園정원)	乘	탈 승 (乘車승차)
抑	누를 억 (抑制억제)	圍	주위 위 (周圍주위)	子	아들 자 (子孫자손)
				孑	외로울 혈 (孑孑혈혈)

姿	모양 자 (姿態자태)	帝	임금 제 (帝王제왕)	汁	진액 즙 (果實汁과실즙)
恣	방자할 자 (放恣방자)	常	항상 상 (常識상식)	什	열사람 십 (什長십장)
暫	잠시 잠 (暫時잠시)	早	일찍 조 (早起조기)	捉	잡을 착 (捕捉포착)
漸	점점 점 (漸次점차)	旱	가물 한 (旱災한재)	促	재촉할 촉 (督促독촉)
慙	부끄러울 참 (無慙무참)	照	비출 조 (照明조명)	責	꾸짖을 책 (責望책망)
亭	정자 정 (亭子정자)	熙	빛날 희 (熙笑희소)	靑	푸를 청 (靑史청사)
享	누릴 향 (享樂향락)	兆	조짐 조 (前兆전조)	悤	바쁠 총 (悤悤총총)
亨	형통할 형 (亨通형통)	北	북녘 북 (北極북극)	忽	소홀히할 홀 (疏忽소홀)
杖	지팡이 장 (短杖단장)	潮	조수 조 (潮流조류)	追	따를 추 (追究추구)
枚	낱 매 (枚擧매거)	湖	호수 호 (湖畔호반)	退	물러갈 퇴 (退進퇴진)
齋	방 재 (書齋서재)	措	둘 조 (措處조처)	推	밀 추 (推薦추천)
齊	같을 제 (一齊일제)	借	빌 차 (借款차관)	堆	쌓을 퇴 (堆肥퇴비)
籍	서적 적 (戶籍호적)	尊	높을 존 (尊敬존경)	椎	쇠몽둥이 추 (椎骨추골)
藉	빙자할 자 (憑藉빙자)	奠	드릴 전 (釋奠석전)	蓄	쌓을 축 (貯蓄저축)
睛	눈동자 정 (眼睛안정)	佐	도울 좌 (補佐보좌)	畜	짐승 축 (家畜가축)
晴	갤 청 (晴天청천)	佑	도울 우 (天佑천우)	充	가득할 충 (充滿충만)
				允	허락할 윤 (允許윤허)

衝	부딪칠 충 (衝突충돌)	弊	폐단 폐 (弊端폐단)	悔	뉘우칠 회 (悔改회개)
衡	저울 형 (均衡균형)	幣	비단 폐 (幣帛폐백)	梅	매화나무 매 (梅花매화)
萃	모을 췌 (拔萃발췌)	蔽	가릴 폐 (隱蔽은폐)	吸	마실 흡 (呼吸호흡)
卒	군사 졸 (卒兵졸병)	爆	터질 폭 (爆發폭발)	吹	불 취 (鼓吹고취)
側	곁 측 (側近측근)	瀑	폭포 폭 (瀑布폭포)	次	버금 차 (次席차석)
測	헤아릴 측 (測量측량)	恨	한탄할 한 (怨恨원한)		
惻	슬퍼할 측 (惻隱측은)	限	한정할 한 (限界한계)		
飭	삼갈 칙 (勤飭근칙)	肛	똥구멍 항 (肛門항문)		
飾	꾸밀 식 (裝飾장식)	肝	간 간 (肝腸간장)		
浸	적실 침 (浸透침투)	幸	다행할 행 (幸福행복)		
沈	빠질 침 (沈默침묵)	辛	매울 신 (辛辣신날)		
沒	빠질 몰 (沒入몰입)	護	보호할 호 (保護보호)		
坦	평평할 탄 (平坦편탄)	穫	거둘 확 (收穫수확)		
但	다만 단 (但只단지)	獲	얻을 획 (獲得획득)		
湯	끓일 탕 (湯藥탕약)	會	모을 회 (會談회담)		
渴	목마를 갈 (渴症갈증)	曾	일찍 증 (曾祖증조)		

뜻이 비슷하거나 반대되는
한자 · 한자어

1. 뜻이 비슷한 한자, 한자어

覺(각)-悟(오)	敦(돈)-篤(독)	連(연)-絡(락)	倉(창)-庫(고)
間(간)-隔(격)	勉(면)-勵(려)	英(영)-特(특)	菜(채)-蔬(소)
康(강)-健(건)	滅(멸)-亡(망)	憂(우)-愁(수)	尺(척)-度(도)
揭(게)-揚(양)	茂(무)-盛(성)	怨(원)-恨(한)	淸(청)-潔(결)
牽(견)-引(인)	返(반)-還(환)	隆(융)-盛(성)	淸(청)-淨(정)
顧(고)-傭(용)	附(부)-屬(속)	隆(융)-昌(창)	層(층)-階(계)
恭(공)-敬(경)	扶(부)-助(조)	仁(인)-慈(자)	捕(포)-獲(획)
恐(공)-怖(포)	墳(분)-墓(묘)	慈(자)-愛(애)	畢(필)-竟(경)
貢(공)-獻(헌)	釋(석)-放(방)	淨(정)-潔(결)	恒(항)-常(상)
貫(관)-徹(철)	洗(세)-濯(탁)	終(종)-了(료)	和(화)-睦(목)
貫(관)-通(통)	尋(심)-訪(방)	俊(준)-傑(걸)	皇(황)-帝(제)
饑(기)-饉(근)	哀(애)-悼(도)	俊(준)-秀(수)	
飢(기)-餓(아)	連(연)-繫(계)	中(중)-央(앙)	

共鳴(공명)-首肯(수긍)　　領土(영토)-版圖(판도)

飢死(기사)-餓死(아사)　　五列(오열)-間諜(간첩)

交涉(교섭)-折衝(절충)　　威脅(위협)-脅迫(협박)

驅迫(구박)-虐待(학대)　　一毫(일호)-秋毫(추호)

背恩(배은)-亡德(망덕)　　蒼空(창공)-碧空(벽공)

寺院(사원)-寺刹(사찰)　　天地(천지)-乾坤(건곤)

書簡(서간)-書翰(서한)　　滯留(체류)-滯在(체재)

俗世(속세)-塵世(진세)　　招待(초대)-招請(초청)

視野(시야)-眼界(안계)　　寸土(촌토)-尺土(척토)

始祖(시조)-鼻祖(비조)　　漂泊(표박)-流離(유리)

2. 뜻이 반대인 한자, 한자어

干(방패 간)↔戈(창 과)　　美(아름다울 미)↔醜(추할 추)

乾(하늘 건)↔坤(땅 곤)　　腹(배 복)↔背(등 배)

乾(마를 건)↔濕(습할 습)　　夫(지아비 부)↔妻(아내 처)

慶(경사 경)↔弔(조상할 조)　　浮(뜰 부)↔沈(가라앉을 침)

經(날 경)↔緯(씨 위)　　盛(성할 성)↔衰(쇠할 쇠)

姑(시어미 고)↔婦(아내 부)　　疎(드물 소)↔密(빽빽할 밀)

勤(부지런할 근)↔怠(게으를 태)　　首(머리 수)↔尾(꼬리 미)

濃(짙을 농)↔淡(옅을 담)　　需(쓸 수)↔給(줄 급)

旦(아침 단)↔夕(저녁 석)　　昇(오를 승)↔降(내릴 강)

貸(빌릴 대)↔借(빌 차)　　紳(펼 신)↔縮(줄일 축)

矛(창 모)↔盾(방패 순)　　深(깊을 심)↔淺(얕을 천)

157

安(편안할 안)↔危(위태로울 위)　　縱(세로 종)↔橫(가로 횡)

愛(사랑 애)↔憎(미워할 증)　　衆(무리 중)↔寡(적을 과)

哀(슬플 애)↔歡(기쁠 환)　　眞(참 진)↔僞(거짓 위)

抑(누를 억)↔揚(드날릴 양)　　贊(도울 찬)↔反(반대할 반)

榮(영화 영)↔辱(욕될 욕)　　添(더할 첨)↔削(깎을 삭)

緩(느릴 완)↔急(급할 급)　　晴(갤 청)↔雨(비 우)

優(넉넉할 우)↔劣(못할 렬)　　出(날 출)↔沒(빠질 몰)

隱(숨을 은)↔見(드러날 현)　　親(친할 친)↔疎(성글 소)

任(맡길 임)↔免(면할 면)　　表(겉 표)↔裏(속 리)

雌(암컷 자)↔雄(수컷 웅)　　彼(저 피)↔此(이 차)

長(어른 장)↔幼(어릴 유)　　賢(어질 현)↔愚(어리석을 우)

田(밭 전)↔畓(논 답)　　好(좋을 호)↔惡(미워할 오)

早(이를 조)↔晚(늦을 만)　　禍(재앙 화)↔福(복 복)

尊(높을 존)↔卑(낮을 비)　　厚(두터울 후)↔薄(엷을 박)

存(있을 존)↔亡(없을 망)

可決(가결) ↔ 否決(부결)　　個別(개별) ↔ 全體(전체)

架空(가공) ↔ 實在(실재)　　客觀(객관) ↔ 主觀(주관)

加熱(가열) ↔ 冷却(냉각)　　客體(객체) ↔ 主體(주체)

却下(각하) ↔ 受理(수리)　　巨大(거대) ↔ 微小(미소)

剛健(강건) ↔ 柔弱(유약)　　巨富(거부) ↔ 極貧(극빈)

强硬(강경) ↔ 柔和(유화)　　拒絕(거절) ↔ 承諾(승낙)

開放(개방) ↔ 閉鎖(폐쇄)　　建設(건설) ↔ 破壞(파괴)

感情(감정) ↔ 理性(이성)　　乾燥(건조) ↔ 濕潤(습윤)

傑作(걸작) ↔ 拙作(졸작)　　肯定(긍정) ↔ 否定(부정)

儉約(검약) ↔ 浪費(낭비)　　旣決(기결) ↔ 未決(미결)

輕減(경감) ↔ 加重(가중)　　奇拔(기발) ↔ 平凡(평범)

經度(경도) ↔ 緯度(위도)　　奇數(기수) ↔ 偶數(우수)

輕率(경솔) ↔ 愼重(신중)　　飢餓(기아) ↔ 飽食(포식)

輕視(경시) ↔ 重視(중시)　　緊密(긴밀) ↔ 疏遠(소원)

高雅(고아) ↔ 卑俗(비속)　　吉兆(길조) ↔ 凶兆(흉조)

固定(고정) ↔ 流動(유동)　　樂觀(낙관) ↔ 悲觀(비관)

高調(고조) ↔ 低調(저조)　　落第(낙제) ↔ 及第(급제)

供給(공급) ↔ 需要(수요)　　樂天(낙천) ↔ 厭世(염세)

空想(공상) ↔ 現實(현실)　　暖流(난류) ↔ 寒流(한류)

過激(과격) ↔ 穩健(온건)　　濫讀(남독) ↔ 精讀(정독)

官尊(관존) ↔ 民卑(민비)　　濫用(남용) ↔ 節約(절약)

光明(광명) ↔ 暗黑(암흑)　　朗讀(낭독) ↔ 默讀(묵독)

巧妙(교묘) ↔ 拙劣(졸렬)　　內容(내용) ↔ 形式(형식)

拘禁(구금) ↔ 釋放(석방)　　老練(노련) ↔ 未熟(미숙)

拘束(구속) ↔ 放免(방면)　　濃厚(농후) ↔ 稀薄(희박)

求心(구심) ↔ 遠心(원심)　　能動(능동) ↔ 被動(피동)

君子(군자) ↔ 小人(소인)　　多元(다원) ↔ 一元(일원)

屈服(굴복) ↔ 抵抗(저항)　　單純(단순) ↔ 複雜(복잡)

權利(권리) ↔ 義務(의무)　　單式(단식) ↔ 複式(복식)

僅少(근소) ↔ 過多(과다)　　短縮(단축) ↔ 延長(연장)

急性(급성) ↔ 慢性(만성)　　大乘(대승) ↔ 小乘(소승)

急行(급행) ↔ 緩行(완행)　　對話(대화) ↔ 獨白(독백)

都心(도심) ↔ 郊外(교외)

獨創(독창) ↔ 模倣(모방)

動機(동기) ↔ 結果(결과)

登場(등장) ↔ 退場(퇴장)

漠然(막연) ↔ 確然(확연)

忘却(망각) ↔ 記憶(기억)

滅亡(멸망) ↔ 隆興(융흥)

埋沒(매몰) ↔ 發掘(발굴)

名譽(명예) ↔ 恥辱(치욕)

無能(무능) ↔ 有能(유능)

物質(물질) ↔ 精神(정신)

微官(미관) ↔ 顯官(현관)

敏速(민속) ↔ 遲鈍(지둔)

密集(밀집) ↔ 散在(산재)

反抗(반항) ↔ 服從(복종)

放心(방심) ↔ 操心(조심)

背恩(배은) ↔ 報恩(보은)

白髮(백발) ↔ 紅顔(홍안)

凡人(범인) ↔ 超人(초인)

別居(별거) ↔ 同居(동거)

保守(보수) ↔ 進步(진보)

本業(본업) ↔ 副業(부업)

富貴(부귀) ↔ 貧賤(빈천)

富裕(부유) ↔ 貧窮(빈궁)

否認(부인) ↔ 是認(시인)

分析(분석) ↔ 綜合(종합)

分爭(분쟁) ↔ 和解(화해)

不運(불운) ↔ 幸運(행운)

非番(비번) ↔ 當番(당번)

非凡(비범) ↔ 平凡(평범)

悲哀(비애) ↔ 歡喜(환희)

死後(사후) ↔ 生前(생전)

削減(삭감) ↔ 添加(첨가)

散文(산문) ↔ 韻文(운문)

喪失(상실) ↔ 獲得(획득)

詳述(상술) ↔ 略述(약술)

生家(생가) ↔ 養家(양가)

生食(생식) ↔ 火食(화식)

先天(선천) ↔ 後天(후천)

成熟(성숙) ↔ 未熟(미숙)

消極(소극) ↔ 積極(적극)

所得(소득) ↔ 損失(손실)

疎遠(소원) ↔ 親近(친근)

淑女(숙녀) ↔ 紳士(신사)

順行(순행) ↔ 逆行(역행)

靈魂(영혼) ↔ 肉體(육체)

憂鬱(우울) ↔ 明朗(명랑)

連敗(연패) ↔ 連勝(연승)

偶然(우연) ↔ 必然(필연)

恩惠(은혜) ↔ 怨恨(원한)

依他(의타) ↔ 自立(자립)

異端(이단) ↔ 正統(정통)

人爲(인위) ↔ 自然(자연)

立體(입체) ↔ 平面(평면)

自動(자동) ↔ 手動(수동)

自律(자율) ↔ 他律(타율)

自意(자의) ↔ 他意(타의)

低俗(저속) ↔ 高尙(고상)

敵對(적대) ↔ 友好(우호)

絶對(절대) ↔ 相對(상대)

漸進(점진) ↔ 急進(급진)

整肅(정숙) ↔ 騷亂(소란)

正午(정오) ↔ 子正(자정)

定着(정착) ↔ 漂流(표류)

弔客(조객) ↔ 賀客(하객)

直系(직계) ↔ 傍系(방계)

眞實(진실) ↔ 虛僞(허위)

質疑(질의) ↔ 應答(응답)

斬新(참신) ↔ 陳腐(진부)

淺學(천학) ↔ 碩學(석학)

縮小(축소) ↔ 擴大(확대)

快樂(쾌락) ↔ 苦痛(고통)

快勝(쾌승) ↔ 慘敗(참패)

好況(호황) ↔ 不況(불황)

退化(퇴화) ↔ 進化(진화)

敗北(패배) ↔ 勝利(승리)

虐待(학대) ↔ 優待(우대)

合法(합법) ↔ 違法(위법)

好材(호재) ↔ 惡材(악재)

好轉(호전) ↔ 逆轉(역전)

興奮(흥분) ↔ 安靜(안정)

興奮(흥분) ↔ 鎭靜(진정)

5급~8급 필순

教	가르칠 교 (攵, 11획)	教 教 孝 教 教 教 教 教 教 教
校	학교 교 (木, 10획)	校 校 校 校 校 校 校 校 校
九	아홉 구 (乙, 2획)	九 九
國	나라 국 (口, 11획)	國 國 國 國 國 國 國 國 國 國 國
軍	군사 군 (車, 9획)	軍 軍 軍 軍 軍 軍 軍 軍 軍
金	쇠 금 (金, 8획)	金 金 金 金 金 金 金 金
南	남녘 남 (十, 9획)	南 南 南 南 南 南 南 南 南
女	여자 녀 (女, 3획)	女 女 女
年	해 년 (干, 6획)	年 年 年 年 年 年
大	큰 대 (大, 3획)	大 大 大
東	동녘 동 (木, 8획)	東 東 東 東 東 東 東 東

萬	일만 만 (艸, 13획)	萬萬萬萬萬萬萬萬萬
母	어머니 모 (毋, 5획)	乚丹丹母母
木	나무 목 (木, 4획)	木十木木
門	문 문 (門, 8획)	門門門門門門門門
民	백성 민 (氏, 5획)	民民民民民
白	흰 백 (白, 5획)	白白白白白
父	아버지 부 (父, 4획)	父父父父
北	북녘 북 (匕, 5획)	北北北北北
四	넉 사 (囗, 5획)	四囗四四四
山	메(뫼) 산 (山, 3획)	山山山
三	석 삼 (一, 3획)	二三三
生	날 생 (生, 5획)	生生生生生
西	서녘 서 (襾, 6획)	西西西西西西
先	먼저 선 (儿, 6획)	先先先先先先
小	작을 소 (小, 3획)	小小小
水	물 수 (水, 4획)	水水水水
室	집 실 (宀, 9획)	室室室室室室室室室

十	**열 십** (十, 2획)	十 十
五	**다섯 오** (二, 4획)	五 五 五 五
王	**임금 왕** (王, 4획)	王 王 王 王
外	**바깥 외** (夕, 5획)	外 外 外 外 外
月	**달 월** (月, 4획)	月 月 月 月
六	**여섯 륙** (八, 4획)	六 六 六 六
二	**두 이** (二, 2획)	二 二
人	**사람 인** (人, 2획)	人 人
日	**날 일** (日, 4획)	日 日 日 日
一	**한 일** (一, 1획)	一
長	**긴 장** (長, 8획)	長 長 長 長 長 長 長 長
弟	**아우 제** (弓, 7획)	弟 弟 弟 弟 弟 弟 弟
中	**가운데 중** (丨, 4획)	中 中 中 中
青	**푸를 청** (青, 8획)	青 青 青 青 青 青 青 青
寸	**마디 촌** (寸, 3획)	寸 寸 寸
七	**일곱 칠** (一, 2획)	七 七
土	**흙 토** (土, 3획)	土 土 土

八	**여덟** 팔 (八, 2획)	八 八
學	**배울** 학 (子, 16획)	學 學 學 學 學 學 學 學 學 學 學 學 學 學 學 學
韓	**나라이름** 한 (韋, 17획)	韓 韓 韓 韓 韓 韓 韓 韓 韓 韓 韓 韓 韓 韓 韓 韓 韓
兄	**맏** 형 (儿, 5획)	兄 兄 兄 兄 兄
火	**불** 화 (火, 4획)	火 火 火 火

家	**집 가** (宀, 10획)	家家家家宇宁宁宇家家家
歌	**노래 가** (欠, 14획)	歌歌歌歌哥可哥哥哥哥哥哥歌歌歌
間	**사이 간** (門, 12획)	間門門門門門門門門門問間間
江	**강 강** (氵, 6획)	江江江江江江
車	**수레 거(차)** (車, 7획)	一厂戸戸百車車
空	**빌 공** (穴, 8획)	空空宇宇空空空空
工	**장인 공** (工, 3획)	一丁工
口	**입 구** (口, 3획)	口口口
旗	**기 기** (方, 14획)	旗旗方方旗旗旗旗旗旗旗旗旗旗
記	**기록할 기** (言, 10획)	記記記記記記記記記記
氣	**기운 기** (气, 10획)	氣氣氣气气气氣氣氣氣
男	**사내 남** (田, 7획)	男男男男男男男
內	**안 내** (入, 4획)	口內內內
農	**농사 농** (辰, 13획)	農農農農農農農農農農農農農
答	**대답 답** (竹, 12획)	答答答答答答笁笁笁答答
道	**길 도** (辶, 13획)	道道道道消首首首道道道道
冬	**겨울 동** (冫, 5획)	夂夂冬冬冬

洞	고을 동 (氵, 9획)	洞 洞 洞 洞 洞 洞 洞 洞 洞
動	움직일 동 (力, 11획)	動 動 動 動 動 動 動 動 動 動 動
同	한가지 동 (口, 6획)	丨 冂 冂 同 同 同
登	오를 등 (癶, 12획)	登 登 登 登 登 登 登 登 登 登 登 登
來	올 래 (人, 8획)	來 來 來 來 來 來 來 來
力	힘 력 (力, 2획)	力 力
老	늙을 로 (老, 6획)	老 老 老 老 老 老
里	마을 리 (里, 7획)	里 里 里 里 里 里 里
林	수풀 림 (木, 8획)	林 林 林 林 林 林 林 林
立	설 립 (立, 5획)	立 立 立 立 立
每	매양 매 (毋, 7획)	每 每 每 每 每 每 每
面	낯 면 (面, 9획)	面 面 面 面 面 面 面 面
命	목숨 명 (口, 8획)	命 命 命 命 命 命 命 命
名	이름 명 (口, 6획)	名 名 名 名 名 名
文	글월 문 (文, 4획)	文 文 文 文
問	물을 문 (口, 11획)	問 問 問 問 問 門 門 問 問 問 問
物	물건 물 (牛, 8획)	物 物 物 物 物 物 物 物

方	모 방 (方, 4획)	方 方 方 方
百	일백 백 (白, 6획)	百 百 百 百 百 百
夫	지아비 부 (大, 4획)	大 二 夫 夫
不	아닐 불(부) (一, 4획)	不 不 不 不
事	일 사 (丨, 8획)	事 事 事 事 事 事 事 事
算	셈 산 (竹, 14획)	算 算 算 算 算 算 算 算 算 算 算 算 算 算
上	위 상 (一, 3획)	上 上 上
色	빛 색 (色, 6획)	色 色 色 色 色 色
夕	저녁 석 (夕, 3획)	丿 夕 夕
姓	성씨 성 (女, 8획)	女 女 女 女 姓 姓 姓 姓
世	세상 세 (一, 5획)	世 世 世 世 世
所	바 소 (戶, 8획)	所 所 所 所 所 所 所 所
少	적을 소 (小, 4획)	小 小 小 少
數	셈 수 (攴, 15획)	數 數 數 數 數 數 數 數 數 數 數 數 數 數 數
手	손 수 (手, 4획)	手 手 手 手
時	때 시 (日, 10획)	時 時 時 時 時 時 時 時
市	저자 시 (巾, 5획)	市 市 市 市 市

食	먹을 식 (食, 9획)	食 食 食 食 食 食 食 食 食
植	심을 식 (木, 12획)	植 植 植 植 植 植 植 植 植 植 植 植
心	마음 심 (心, 4획)	心 心 心 心
安	편안할 안 (宀, 6획)	安 安 安 安 安 安
語	말씀 어 (言, 14획)	語 語 語 語 語 語 語 語 語 語 語 語
然	그럴 연 (灬(火), 12획)	然 然 然 然 然 然 然 然 然 然 然 然
午	낮 오 (十, 4획)	午 午 午 午
右	오른 우 (口, 5획)	右 右 右 右 右
有	있을 유 (月, 6획)	有 有 有 有 有 有
育	기를 육 (月, 8획)	育 育 育 育 育 育 育 育
邑	고을 읍 (邑, 7획)	邑 邑 邑 邑 邑 邑 邑
入	들 입 (入, 2획)	入 入
字	글자 자 (子, 6획)	字 字 字 字 字 字
自	스스로 자 (自, 6획)	自 自 自 自 自 自
子	아들 자 (子, 3획)	子 子 子
場	마당 장 (土, 12획)	場 場 場 場 場 場 場 場 場 場 場
電	번개 전 (雨, 13획)	電 電 電 電 電 電 電 電 電 電 電 電 電

169

前	**앞 전** (刂(刀), 9획)	前 前 前 前 前 前 前 前 前
全	**온전할 전** (入, 6획)	全 全 全 全 全 全
正	**바를 정** (止, 5획)	正 丁 干 正 正
祖	**할아비 조** (示, 10획)	祖 祖 祖 祖 祖 祖 祖 祖 祖
足	**발 족** (足, 7획)	足 足 足 足 足 足 足
左	**왼 좌** (工, 5획)	左 ナ 左 左 左
住	**살 주** (亻(人), 7획)	亻 亻 亻 住 住 住 住
主	**주인 주** (丶, 5획)	主 主 主 主 主
重	**무거울 중** (里, 9획)	重 重 重 重 重 重 重 重 重
地	**땅 지** (土, 6획)	地 地 地 地 地 地
紙	**종이 지** (糸, 10획)	紙 紙 紙 紙 紙 紙 紙 紙 紙 紙
直	**곧을 직** (目, 8획)	直 直 直 直 直 直 直 直
川	**내 천** (川, 3획)	川 川 川
千	**일천 천** (十, 3획)	千 千 千
天	**하늘 천** (大, 4획)	天 天 天 天
草	**풀 초** (艹, 10획)	草 草 草 草 草 草 草 草 草 草

村	마을 촌 (木, 7획)	村 村 村 村 村 村 村
秋	가을 추 (禾, 9획)	秋 秋 秋 秋 秋 秋 秋 秋 秋
春	봄 춘 (日, 9획)	春 春 春 春 春 春 春 春 春
出	날 출 (凵, 5획)	出 出 出 出 出
便	편할 편 (亻(人), 9획)	便 便 便 便 便 便 便 便 便
平	평평할 평 (干, 5획)	平 平 平 平 平
下	아래 하 (一, 3획)	下 下 下
夏	여름 하 (夊, 10획)	夏 夏 夏 夏 夏 夏 夏 夏 夏 夏
漢	한수 한 (氵(水), 14획)	漢 漢 漢 漢 漢 漢 漢 漢 漢 漢 漢 漢 漢 漢
海	바다 해 (氵(水), 10획)	海 海 海 海 海 海 海 海 海 海
花	꽃 화 (艹, 8획)	花 花 花 花 花 花 花 花
話	말씀 화 (言, 13획)	話 話 話 話 話 話 話 話 話 話 話 話 話
活	살 활 (氵(水), 9획)	活 活 活 活 活 活 活 活 活
孝	효도 효 (子, 7획)	孝 孝 孝 孝 孝 孝 孝
後	뒤 후 (彳, 9획)	後 後 後 後 後 後 後 後 後
休	쉴 휴 (人, 6획)	休 休 休 休 休 休

各	각각 각 (口, 6획)	各 各 各 各 各 各
角	뿔 각 (角, 7획)	角 角 角 角 角 角 角
感	느낄 감 (心, 13획)	感 感 感 感 感 感 感 感 感 感 感 感
強	강할 강 (弓, 12획)	強 強 強 強 強 強 強 強 強 強
開	열 개 (門, 12획)	開 開 開 開 門 門 門 門 門 開 開
京	서울 경 (亠, 8획)	京 京 京 京 京 京 京 京
計	셀 계 (言, 9획)	計 計 計 計 計 計 計 計 計
界	지경 계 (田, 9획)	界 界 界 界 界 界 界 界 界
高	높을 고 (高, 10획)	高 高 高 高 高 高 高 高 高 高
苦	괴로울 고 (艹, 9획)	苦 苦 苦 苦 苦 苦 苦 苦 苦
古	옛 고 (口, 5획)	古 古 古 古 古
功	공 공 (力, 5획)	功 功 功 功 功
公	공평할 공 (八, 4획)	公 公 公 公
共	함께 공 (八, 6획)	共 共 共 共 共 共
科	과목 과 (禾, 9획)	科 科 科 科 科 科 科 科 科
果	과실 과 (木, 8획)	果 果 果 果 果 果 果 果
光	빛 광 (儿, 6획)	光 光 光 光 光 光

交	사귈 교 (亠, 6획)	交 交 交 交 交 交
球	공 구 (王, 11획)	球 球 球 球 球 球 球 球 球 球 球
區	나눌 구 (匸, 11획)	區 區 區 區 區 區 區 區 區 區 區
郡	고을 군 (阝(邑), 10획)	郡 郡 郡 郡 郡 郡 郡 郡 郡 郡
近	가까울 근 (辶, 8획)	近 近 近 近 近 近 近 近
根	뿌리 근 (木, 10획)	根 根 根 根 根 根 根 根 根 根
今	이제 금 (人, 4획)	今 今 今 今
急	급할 급 (心, 9획)	急 急 急 急 急 急 急 急 急
級	등급 급 (糸, 10획)	級 級 級 級 級 級 級 級 級 級
多	많을 다 (夕, 6획)	多 多 多 多 多 多
短	짧을 단 (矢, 12획)	短 短 短 短 短 短 短 短 短 短 短 短
堂	집 당 (土, 11획)	堂 堂 堂 堂 堂 堂 堂 堂 堂 堂 堂
待	기다릴 대 (彳, 9획)	待 待 待 待 待 待 待 待
代	대신할 대 (亻(人), 5획)	代 代 代 代 代
對	대답할 대 (寸, 14획)	對 對 對 對 對 對 對 對 對 對 對
圖	그림 도 (囗, 14획)	圖 圖 圖 圖 圖 圖 圖 圖 圖 圖 圖
度	법도 도, 헤아릴 탁 (广, 9획)	度 度 度 度 度 度 度 度 度

讀	읽을 독 (言, 22획)	讀 讀 讀 讀 讀 讀 讀 讀 讀 讀
童	아이 동 (立, 12획)	童 童 童 童 童 童 音 音 童 童 童
頭	머리 두 (頁, 16획)	頭 頭 頭 頭 頭 頭 頭 頭 頭 頭 頭
等	무리 등 (竹, 12획)	等 等 等 等 等 等 等 等 等 等 等
樂	즐거울 락 (木, 15획)	樂 樂 樂 樂 樂 樂 樂 樂 樂 樂 樂
例	법식 례 (亻(人), 8획)	例 例 例 例 例 例 例 例
禮	예도 례 (示, 18획)	禮 禮 禮 禮 禮 禮 禮 禮 禮 禮 禮 禮 禮 禮 禮
路	길 로 (足, 13획)	路 路 路 路 路 路 路 路 路 路 路 路
綠	푸를 록 (糸, 14획)	綠 綠 綠 綠 綠 綠 綠 綠 綠 綠
理	다스릴 리 (王, 11획)	理 理 理 理 理 理 理 理 理 理
李	오얏 리 (木, 7획)	李 李 李 李 李 李 李
利	이로울 리 (刂(刀), 7획)	利 利 利 利 利 利 利
明	밝을 명 (日, 8획)	明 明 明 明 明 明 明 明
目	눈 목 (目, 5획)	目 目 目 目 目
聞	들을 문 (耳, 14획)	聞 聞 聞 聞 聞 聞 聞 聞 聞 聞
米	쌀 미 (米, 6획)	米 米 米 米 米 米
美	아름다울 미 (羊, 9획)	美 美 美 美 美 美 美 美 美

朴	순박할 박 (木, 6획)	朴 朴 朴 朴 朴 朴
半	절반 반 (十, 5획)	半 半 半 半 半
反	돌이킬 반 (又, 4획)	反 反 反 反
班	나눌 반 (王, 10획)	班 班 班 班 班 班 班 班 班
發	필 발 (癶, 12획)	發 發 發 發 發 發 發 發 發 發 發 發
放	놓을 방 (攴, 8획)	放 放 放 放 放 放 放 放
番	차례 번 (田, 12획)	番 番 番 番 番 番 番 番 番 番 番 番
別	다를 별 (刂(刀), 7획)	別 別 別 別 別 別 別
病	병 병 (疒, 10획)	病 病 病 病 病 病 病 病 病
服	옷 복 (月, 8획)	服 服 服 服 服 服 服 服
本	근본 본 (木, 5획)	本 本 本 本 本
部	거느릴 부 (阝(邑), 11획)	部 部 部 部 部 部 部 部 部 部 部
分	나눌 분 (刀, 4획)	分 分 分 分
社	모일 사 (示, 8획)	社 社 社 社 社 社 社 社
死	죽을 사 (歹, 6획)	死 死 死 死 死 死
使	하여금 사 (人, 8획)	使 使 使 使 使 使 使
書	글 서 (曰, 10획)	書 書 書 書 書 書 書 書 書 書

石	돌 석 (石, 5획)	石 石 石 石 石
席	자리 석 (巾, 10획)	席 席 席 席 席 席 席 席 席 席
線	줄 선 (糸, 15획)	線 線 線 線 線 線 線 線 線 線
雪	눈 설 (雨, 11획)	雪 雪 雪 雪 雪 雪 雪 雪 雪 雪 雪
省	**살필 성, 덜 생** (目, 9획)	省 省 省 省 省 省 省 省 省
成	이룰 성 (戈, 7획)	成 成 成 成 成 成 成
消	**사라질 소** (氵(水), 10획)	消 消 消 消 消 消 消 消 消 消
速	빠를 속 (辶, 11획)	速 速 速 速 速 速 速 速 速 速
孫	손자 손 (子, 10획)	孫 孫 孫 孫 孫 孫 孫 孫 孫
樹	**나무 수, 세울 수** (木, 16획)	樹 樹 樹 樹 樹 樹 樹 樹 樹 樹 樹 樹 樹
術	재주 술 (行, 11획)	術 術 術 行 術 術 術 術 術 術 術
習	익힐 습 (羽, 11획)	習 習 習 習 習 習 習 習 習 習
勝	이길 승 (力, 12획)	勝 勝 勝 勝 勝 勝 勝 勝 勝 勝 勝
始	처음 시 (女, 8획)	始 始 始 始 始 始 始
式	법 식 (弋, 6획)	式 式 式 式 式
神	귀신 신 (示, 10획)	神 神 神 神 神 神 神 神 神
身	몸 신 (身, 7획)	身 身 身 身 身 身 身

信	**믿을 신** (亻(人), 9획)	信 信 信 信 信 信 信 信 信
新	**새로울 신** (斤, 13획)	新 新 新 新 立 立 辛 亲 亲 新 新 新 新
失	**잃을 실** (大, 5획)	失 失 失 失 失
愛	**사랑 애** (心, 13획)	愛 愛 愛 愛 愛 愛 愛 愛 愛 愛 愛 愛 愛
野	**들 야** (里, 11획)	野 野 野 野 野 野 野 野 野 野 野
夜	**밤 야** (夕, 8획)	夜 夜 夜 夜 夜 夜 夜 夜
藥	**약 약** (艸, 19획)	藥 藥 藥 藥 藥 藥 藥 藥 藥
弱	**약할 약** (弓, 10획)	弱 弱 弱 弱 弱 弱 弱 弱 弱 弱
陽	**볕 양** (阝(阜), 12획)	陽 陽 陽 陽 陽 陽 陽 陽 陽 陽 陽 陽
洋	**큰바다 양** (氵(水), 9획)	洋 洋 洋 洋 洋 洋 洋 洋 洋
言	**말씀 언** (言, 7획)	言 言 言 言 言 言 言
業	**일 업** (木, 13획)	業 業 業 業 業 業 業 業 業 業 業 業 業
永	**길 영** (水, 5획)	永 永 永 永 永
英	**꽃부리 영** (艸, 9획)	英 英 英 英 英 英 英 英 英
溫	**따뜻할 온** (氵(水), 13획)	溫 溫 溫 溫 溫 溫 溫 溫 溫 溫 溫 溫 溫
勇	**날쌜 용** (力, 9획)	勇 勇 勇 勇 勇 勇 勇 勇 勇
用	**쓸 용** (用, 5획)	用 用 用 用 用

運	움직일 운 (辶, 13획)	運 運 運 冒 冒 冒 軍 軍 軍 軍 運 運 運
園	동산 원 (口, 13획)	丨 冂 冃 門 門 門 周 周 周 園 園 園 園
遠	멀 원 (辶, 14획)	遠 遠 吉 遠 吉 吉 亨 亨 亨 袁 遠 遠 遠
油	기름 유 (氵(水), 8획)	油 油 油 油 汩 油 油 油
由	말미암을 유 (田, 5획)	丨 冂 甶 由 由
銀	은 은 (金, 14획)	丿 銀 牟 牟 牟 牟 牟 鈤 鈤 鈤 銀 銀 銀 銀
飮	마실 음 (食, 13획)	丿 飮 飮 今 今 今 飠 飠 飠 飠 飮 飮 飮
音	소리 음 (音, 9획)	音 音 音 音 立 产 音 音 音
意	뜻 의 (心, 13획)	意 意 意 意 立 产 音 音 音 意 意 意
衣	옷 의 (衣, 6획)	衣 衣 六 衣 衣 衣
醫	의원 의 (酉, 18획)	醫 醫 醫 醫 醫 醫 醫 醫 醫 醫 醫 醫
者	사람 자 (耂, 9획)	者 者 者 耂 耂 者 者 者 者
昨	어제 작 (日, 9획)	丨 冂 日 日 昨 昨 昨 昨 昨
作	지을 작 (亻(人), 7획)	作 作 作 作 作 作 作
章	글 장 (立, 11획)	章 章 章 章 产 产 音 音 音 童 章
在	있을 재 (土, 6획)	在 大 才 在 在 在
才	재주 재 (扌, 3획)	一 十 才

戰	싸움 전 (戈, 16획)	戰 戰 戰 戰 戰 戰 戰 戰 戰 戰 戰
庭	뜰 정 (广, 10획)	庭 庭 庐 广 庐 庄 庄 庭 庭 庭
定	정할 정 (宀, 8획)	定 定 定 定 宁 宇 定 定
題	제목 제 (頁, 18획)	題 題 是 題 題 是 是 題 題 題 題 題
第	차례 제 (竹, 11획)	第 第 第 第 第 第 第 第 第 第 第
朝	아침 조 (月, 12획)	朝 朝 朝 古 古 古 直 卓 朝 朝 朝 朝
族	겨레 족 (方, 11획)	族 族 族 族 族 族 族 族 族 族 族
晝	낮 주 (日, 11획)	晝 晝 晝 晝 晝 晝 晝 晝 晝 晝 晝
注	물댈 주 (氵(水), 8획)	注 注 注 注 注 汁 注 注
集	모일 집 (隹, 12획)	集 集 集 集 作 集 隹 隹 集 集 集
窓	창문 창 (穴, 11획)	窓 窓 窓 窓 窓 窓 窓 窓 窓 窓 窓
淸	맑을 청 (氵(水), 11획)	淸 淸 淸 沂 淸 淸 淸 淸 淸 淸 淸
體	몸 체 (骨, 23획)	體 體 體 體 體 骨 骨 骨 骨 骨 骨 骨 骨 體 體 體 體 體 體 體 體 體 體
親	친할 친 (見, 16획)	親 親 辛 親 親 親 親 親 親 親 親
太	클 태 (大, 4획)	太 大 大 太
通	통할 통 (辶, 11획)	通 通 通 通 通 通 通 通 通 通 通
特	특별할 특 (牛, 10획)	特 特 特 特 特 特 特 特 特 特

表	겉 표 (衣, 8획)	表 表 表 表 表 表 表 表
風	바람 풍 (風, 9획)	風 几 凡 风 凰 凰 風 風 風
合	합할 합 (口, 6획)	合 合 合 合 合 合
行	다닐 행 (行, 6획)	行 行 行 行 行 行
幸	다행 행 (干, 8획)	幸 幸 幸 幸 幸 幸 幸 幸
向	향할 향 (口, 6획)	向 向 向 向 向 向
現	나타날 현 (王, 11획)	現 現 現 現 現 現 現 現 現 現 現
形	모양 형 (彡, 7획)	形 形 形 形 形 形 形
號	이름 호 (虎, 13획)	號 號 號 號 號 號 號 號 號 號 號 號
畫	그림 화 (田, 12획)	畫 畫 畫 畫 畫 畫 畫 畫 畫 畫 畫 畫
和	화목할 화 (口, 8획)	和 和 和 和 和 和 和 和
黃	누를 황 (黃, 12획)	黃 黃 黃 黃 黃 黃 黃 黃 黃 黃 黃 黃
會	모일 회 (日, 13획)	會 會 會 會 會 會 會 會 會 會 會 會 會
訓	가르칠 훈 (言, 10획)	訓 訓 訓 訓 訓 訓 訓 訓 訓 訓

價	값 가 (亻(人), 15획)	價 價 價 價 價 價 價 價 價 價 價 價 價
加	더할 가 (力, 5획)	フ カ カ 加 加
可	옳을 가 (口, 5획)	可 可 可 可 可
改	고칠 개 (攵, 7획)	改 改 改 改 改 改 改
客	손님 객 (宀, 9획)	客 客 客 客 客 客 客 客 客
去	갈 거 (厶, 5획)	去 去 去 去 去
擧	들 거 (手, 18획)	擧 擧 擧 擧 擧 擧 擧 擧 擧 擧 擧 擧 擧 擧 擧 擧 擧 擧
件	사건 건 (亻(人), 6획)	件 件 件 件 件 件
建	세울 건 (廴, 9획)	建 建 建 建 建 建 建 建 建
健	건강할 건 (亻(人), 11획)	健 健 健 健 健 健 健 健 健 健 健
格	격식 격 (木, 10획)	格 格 格 格 格 格 格 格 格 格
見	볼 견 (見, 7획)	見 見 見 見 見 見 見
決	결단할 결 (水, 7획)	決 決 決 決 決 決 決
結	맺을 결 (糸, 12획)	結 結 結 結 結 結 結 結 結 結 結
輕	가벼울 경 (車, 14획)	輕 輕 輕 輕 輕 輕 輕 輕 輕 輕 輕 輕 輕
景	볕 경 (日, 12획)	景 景 景 景 景 景 景 景 景 景 景
敬	공경할 경 (攵(攴), 13획)	敬 敬 敬 敬 敬 敬 敬 敬 敬 敬 敬 敬

競	다툴 경 (立, 20획)	一 二 후 휴 휴 휴 휴 휴 휴 휴 휴 휴 휴 휴 휴 競 競 競 競 競
固	굳을 고 (口, 8획)	丨 冂 冂 冃 固 固 固 固
考	상고할 고 (耂, 6획)	一 十 耂 耂 考 考
告	알릴 고 (口, 7획)	一 广 生 生 牛 告 告
曲	굽을 곡 (曰, 6획)	丨 冂 曰 由 曲 曲
課	매길 과 (言, 15획)	言 言 言 言 言 言 言 詚 詚 誤 誤 誤 課 課 課
過	지날 과 (辶, 13획)	丨 冂 呙 呙 同 咼 咼 咼 咼 過 渦 渦 過
關	빗장 관 (門, 19획)	丨 ｢ ｢ ｢ ｢ 門 門 門 門 門 門 閂 閅 閗 關 關 關 關 關
觀	볼 관 (見, 25획)	芦 芦 芦 芦 芦 芦 芦 芦 芦 芦 雚 雚 雚 觀
廣	넓을 광 (广, 15획)	一 广 广 广 庐 庐 庐 庐 庐 庐 庸 庸 廣 廣 廣
橋	다리 교 (木, 16획)	一 十 十 木 杧 杧 杧 杯 栖 桥 桥 桥 橋 橋 橋 橋
具	갖출 구 (八, 8획)	丨 冂 月 月 且 且 具 具
救	구원할 구 (攵, 11획)	一 十 寸 求 求 求 求 救 救 救 救
舊	옛 구 (臼, 18획)	芦 芦 芦 芦 芦 芦 芦 舊 舊 舊 舊 舊 舊 舊 舊 舊
局	판 국 (尸, 7획)	尸 尸 尸 局 局 局 局
貴	귀할 귀 (貝, 12획)	丨 口 目 貴 貴 貴 貴 貴 貴 貴 貴 貴
規	법 규 (見, 11획)	一 二 夫 夫 扣 扣 扣 捉 捉 規 規

給	줄 급 (糸, 12획)	給 給 給 給 給 給 給 給 給 給 給 給
期	기약할 기 (月, 12획)	期 期 期 期 期 期 其 其 期 期 期 期
汽	물끓는김 기 (氵(水), 7획)	汽 汽 汽 汽 汽 汽 汽
己	몸 기 (己, 3획)	己 己 己
技	재주 기 (扌, 7획)	技 技 技 技 技 技 技
基	터 기 (土, 11획)	基 基 基 基 基 其 其 其 基 基 基
吉	길할 길 (口, 6획)	吉 吉 吉 吉 吉 吉
念	생각 념 (心, 8획)	念 念 念 念 念 念 念 念
能	능할 능 (月, 10획)	能 能 能 能 能 能 能 能 能 能
團	둥글 단 (口, 14획)	團 團 團 團 團 團 團 團 團 團 團 團 團 團
壇	제단 단 (土, 16획)	壇 壇 壇 壇 壇 壇 壇 壇 壇 壇 壇 壇 壇 壇
談	말씀 담 (言, 15획)	談 談 談 談 談 談 談 談 談 談 談 談 談 談
當	마땅할 당 (田, 13획)	當 當 當 當 當 當 當 當 當 當 當 當
德	덕 덕 (彳, 15획)	德 德 德 德 德 德 德 德 德 德 德 德
都	도읍 도 (阝(邑), 12획)	都 都 都 者 都 者 者 者 者 都 都 都
島	섬 도 (山, 10획)	島 島 島 島 島 島 島 島 島 島
到	이를 도 (刂(刀), 8획)	到 到 到 到 到 到 到 到

獨	홀로 독 (犭, 16획)	獨 獨 獨 獨 獨 獨 獨 獨 獨 獨 獨 獨 獨 獨 獨
落	떨어질 락 (艸, 13획)	落 落 落 落 落 落 落 落 落 落 落 落 落
朗	밝을 랑 (月, 11획)	朗 朗 朗 朗 朗 朗 朗 朗 朗 朗 朗
冷	찰 랭 (冫, 7획)	冷 冷 冷 冷 冷 冷 冷
良	어질 량 (艮, 7획)	良 良 良 良 良 良 良
量	헤아릴 량 (里, 12획)	量 量 量 量 量 量 量 量 量 量 量 量
旅	나그네 려 (方, 10획)	旅 旅 旅 旅 旅 旅 旅 旅 旅 旅
歷	지낼 력 (止, 16획)	歷 歷 歷 歷 歷 歷 歷 歷 歷 歷 歷 歷 歷 歷 歷 歷
練	익힐 련 (糸, 15획)	練 練 練 練 練 練 練 練 練 練 練 練 練 練 練
領	옷깃 령 (頁, 14획)	領 領 領 領 領 領 領 領 領 領 領 領 領 領
令	하여금 령 (人, 5획)	令 令 令 令 令
勞	수고로울 로 (力, 12획)	勞 勞 勞 勞 勞 勞 勞 勞 勞 勞 勞 勞
料	헤아릴 료 (斗, 10획)	料 料 料 料 料 料 料 料 料 料
類	무리 류 (頁, 19획)	類 類 類 類 類 類 類 類 類 類 類 類 類 類 類 類 類 類 類
流	흐를 류 (氵, 10획)	流 流 流 流 流 流 流 流 流 流
陸	뭍 륙 (阝(阜), 11획)	陸 陸 陸 陸 陸 陸 陸 陸 陸 陸 陸
馬	말 마 (馬, 10획)	馬 馬 馬 馬 馬 馬 馬 馬 馬 馬

末	끝 말 (木, 5획)	末 末 末 末 末
亡	망할 망 (亠, 3획)	亡 亡 亡
望	바랄 망 (月, 11획)	望 望 望 切 切 切 却 望 望 望 望
買	살 매 (貝, 12획)	買 買 買 買 買 買 買 買 買 買 買 買
賣	팔 매 (貝, 15획)	賣 賣 賣 賣 賣 賣 賣 賣 賣 賣 賣 賣 賣 賣 賣
無	없을 무 (灬(火), 12획)	無 無 無 無 無 無 無 無 無 無 無 無
倍	갑절 배 (亻(人), 10획)	倍 倍 倍 倍 倍 倍 倍 倍 倍 倍
法	법 법 (氵(水), 8획)	法 法 法 法 法 法 法 法
變	변할 변 (言, 23획)	變 變
兵	군사 병 (八, 7획)	兵 兵 兵 兵 兵 兵 兵
福	복 복 (示, 14획)	福 福 福 福 福 福 福 福 福 福 福 福
奉	받들 봉 (大, 8획)	奉 奉 奉 奉 奉 奉 奉 奉
比	견줄 비 (比, 4획)	比 比 比 比
費	쓸 비 (貝, 12획)	費 費 費 費 費 費 費 費 費 費 費 費
鼻	코 비 (鼻, 14획)	鼻 鼻 鼻 鼻 鼻 鼻 鼻 鼻 鼻 鼻 鼻 鼻 鼻 鼻
氷	얼음 빙 (水, 5획)	氷 氷 氷 氷 氷
寫	베낄, 쓸 사 (宀, 15획)	寫 寫 寫 寫 寫 寫 寫 寫 寫 寫 寫 寫 寫 寫 寫

思	생각 사 (心, 9획)	思 口 日 思 思 思 思 思
士	선비 사 (士, 3획)	一 十 士
仕	벼슬할 사 (人, 5획)	仕 仕 什 仕 仕
史	역사 사 (口, 5획)	史 史 史 史 史
査	조사할 사 (木, 9획)	査 査 查 木 杏 杳 査 查
産	낳을 산 (生, 11획)	産 産 産 立 产 产 产 彦 産 産
賞	상줄 상 (貝, 15획)	賞 賞 賞 賞 賞 賞 賞 賞 賞 賞 賞 賞 賞 賞 賞
相	서로 상 (目, 9획)	相 十 相 相 相 相 相 相 相
商	장사 상 (口, 11획)	商 商 商 商 产 产 产 商 商 商 商
序	차례 서 (广, 7획)	序 序 序 序 序 序 序
選	가릴 선 (辶, 16획)	選 選 巳 巳 巴 巴 巴 巽 巽 巽 巽 選 選
鮮	고울 선 (魚, 17획)	鮮 鮮 鮮 舟 舟 舟 魚 魚 魚 魚 鮮 鮮 鮮 鮮 鮮
船	배 선 (舟, 11획)	船 船 月 月 船 舟 舟 船 船 船 船
仙	신선 선 (亻(人), 5획)	仙 仙 仙 仙 仙
善	착할 선 (口, 12획)	善 善 善 善 善 羊 善 善 善 善 善
說	말씀 설 (言, 14획)	說 說 說 說 說 說 說 說 說 說 說 說 說 說
性	성품 성 (忄(心), 8획)	性 性 性 性 忄 忄 性 性

洗	씻을 세 (氵(水), 9획)	洗洗洗洗洗洗洗洗洗
歲	해 세 (止, 13획)	歲歲歲歲歲歲歲歲歲歲歲歲歲
束	묶을 속 (木, 7획)	束束束束束束束
首	머리 수 (首, 9획)	首首首首首首首首首
宿	잠잘 숙 (宀, 11획)	宿宿宿宿宿宿宿宿宿宿宿
順	순할 순 (頁, 12획)	順順順順順順順順順順順順
示	보일 시 (示, 5획)	示示示示示
識	알 식 (言, 19획)	識識識識識識識識識識識識識識識識識識識
臣	신하 신 (臣, 6획)	臣臣臣臣臣臣
實	열매 실 (宀, 14획)	實實實實實實實實實實實實實實
兒	아이 아 (儿, 8획)	兒兒兒兒兒兒兒兒
惡	악할 악 (心, 12획)	惡惡惡惡惡惡惡惡惡惡惡惡
案	책상 안 (木, 10획)	案案案案案案案案案案
約	맺을 약 (糸, 9획)	約約約約約約約約約
養	기를 양 (食, 15획)	養養養養養養養養養養養養養養養
魚	물고기 어 (魚, 11획)	魚魚魚魚魚魚魚魚魚魚魚
漁	고기잡을 어 (氵(水), 14획)	漁漁漁漁漁漁漁漁漁漁漁漁漁漁

億	억 억 (人, 15획)	億 億 億 億 億 億 億 億 億 億 億 億 億 億 億
熱	더울 열 (灬(火), 15획)	熱 熱 圡 圡 圡 坴 封 封 執 執 熱 熱 熱
葉	잎 엽 (艸, 13획)	葉 葉 葉 葉 葉 葉 葉 葉 莱 葉 華 葉 葉
屋	집 옥 (尸, 9획)	屋 屋 尸 尸 屋 屋 屋 屋 屋
完	완전할 완 (宀, 7획)	完 完 完 完 完 完 完
曜	빛날 요 (日, 18획)	曜 曜 曜 曜 曜 曜 曜 曜 曜 曜 曜 曜 曜 曜 曜 曜 曜 曜
要	구할 요 (襾, 9획)	要 要 要 要 要 要 要 要 要
浴	목욕할 욕 (氵(水), 10획)	浴 浴 浴 浴 浴 浴 浴 浴 浴 浴
友	벗 우 (又, 4획)	友 大 方 友
雨	비 우 (雨, 8획)	雨 雨 雨 雨 雨 雨 雨 雨
牛	소 우 (牛, 4획)	牛 牛 牛 牛
雲	구름 운 (雨, 12획)	雲 雲 雲 雲 雲 雲 雲 雲 雲 雲 雲 雲
雄	수컷 웅 (隹, 12획)	雄 雄 雄 太 太 雄 雄 雄 雄 雄 雄 雄
原	언덕 원 (厂, 10획)	原 原 原 原 原 原 原 原 原 原
願	원할 원 (頁, 19획)	願 願 願 願 願 願 原 原 原 原 願 願 願 願 願 願 願
元	으뜸 원 (儿, 4획)	元 元 元 元
院	집 원 (阝(阜), 10획)	院 院 院 院 院 院 院 院 院 院

偉	**클 위** (亻(人), 11획)	偉 偉 偉 偉 偉 偉 偉 偉 偉
位	**자리 위** (人, 7획)	位 位 位 位 位 位 位
耳	**귀 이** (耳, 6획)	耳 耳 耳 耳 耳 耳
以	**써 이** (人, 5획)	以 以 以 以 以
因	**인할 인** (囗, 6획)	因 冂 円 円 因 因
任	**맡길 임** (人, 6획)	任 任 任 任 任 任
再	**두 재** (冂, 6획)	再 再 再 再 再 再
材	**재목 재** (木, 7획)	材 材 材 材 材 材 材
財	**재물 재** (貝, 10획)	財 財 財 財 財 財 財 財 財 財
災	**재앙 재** (火, 7획)	災 災 災 災 災 災 災
爭	**다툴 쟁** (爪, 8획)	爭 爭 爭 爭 爭 爭 爭 爭
貯	**쌓을 저** (貝, 12획)	貯 貯 貯 貯 貯 貯 貯 貯 貯 貯 貯
的	**과녁 적** (白, 8획)	的 的 的 的 的 的 的 的
赤	**붉을 적** (赤, 7획)	赤 赤 赤 赤 赤 赤 赤
典	**법 전** (八, 8획)	典 典 典 典 典 典 典 典
傳	**전할 전** (亻(人), 13획)	傳 傳 傳 傳 傳 傳 傳 傳 傳 傳
展	**펼 전** (尸, 10획)	展 展 展 展 展 展 展 展 展 展

切	끊을 절, 모두 체 (刀, 4획)	切 七 七 切
節	마디 절 (竹, 15획)	節 節 節 ∞ 竻 箵 筤 節 節 節 管 節 節 節
店	가게 점 (广, 8획)	店 店 广 广 庐 庐 店 店
情	뜻 정 (忄(心), 11획)	情 情 忄 忄 忄 情 情 情 情 情
停	머무를 정 (亻(人), 11획)	亻 停 亻 亻 亻 停 停 停 停 停
調	고를 조 (言, 15획)	調 調 調 調 調 調 調 訓 訓 訊 調 調 調 調
操	잡을 조 (扌, 16획)	操 操 扌 扌 护 护 护 护 搵 操 操 操 操 操
卒	군사 졸 (十, 8획)	卒 亠 产 广 卒 卒 卒 卒
終	마칠 종 (糸, 11획)	終 終 終 糸 糸 糸 糺 終 終 終 終
種	씨 종 (禾, 14획)	種 種 千 禾 禾 秆 秆 秆 稻 稻 稻 種 種 種
罪	허물 죄 (罒, 13획)	罪 罪 罪 罪 罪 罒 罪 罪 罪 罪 罪 罪 罪
州	고을 주 (川, 6획)	州 州 州 州 州 州
週	주일, 돌 주 (辶, 12획)	週 刀 刀 门 刖 周 周 周 周 周 调 週
止	그칠 지 (止, 4획)	止 上 止 止
知	알 지 (矢, 8획)	知 知 ㇉ 矢 矢 知 知 知
質	바탕 질 (貝, 15획)	質 質 質 質 質 質 質 質 質 質 質 質 質 質
着	붙을 착 (目, 12획)	着 着 着 着 羊 羊 羊 着 着 着 着

參	참여할 참 (ㅿ, 11획)	參 參 參 參 參 參 夅 夅 夅 參 參
唱	부를 창 (口, 11획)	唱 唱 唱 唱 唱 唱 唱 唱 唱 唱
責	꾸짖을 책 (貝, 11획)	責 責 責 責 責 責 責 責 責 責
鐵	쇠 철 (金, 21획)	鐵 鐵
初	처음 초 (刀, 7획)	初 初 初 初 初 初 初
最	가장 최 (日, 12획)	最 最 最 最 最 最 最 最 最 最 最 最
祝	빌 축 (示, 10획)	祝 祝 祝 祝 祝 祝 祝 祝 祝 祝
充	채울 충 (ㄦ, 6획)	充 充 充 充 充 充
致	이를 치 (至, 10획)	致 致 致 致 致 致 致 致 致 致
則	법칙 칙 (刂(刀), 9획)	則 則 則 則 則 則 則 則 則
他	다를 타 (亻, 5획)	他 他 他 他 他
打	칠 타 (扌, 5획)	打 打 打 打 打
卓	높을 탁 (十, 8획)	卓 卓 卓 卓 卓 卓 卓 卓
炭	숯 탄 (火, 9획)	炭 炭 炭 炭 炭 炭 炭 炭 炭
宅	집 택 (宀, 6획)	宅 宅 宅 宅 宅 宅
板	널빤지 판 (木, 8획)	板 板 板 板 板 板 板 板
敗	패할 패 (攵, 11획)	敗 敗 敗 敗 敗 敗 敗 敗 敗 敗

品	물건 품 (口, 9획)	品 品 品 品 品 品 品 品 品
必	반드시 필 (心, 5획)	必 必 必 必 必
筆	붓 필 (竹, 12획)	筆 筆 筆 筆 筆 筆 筆 筆 筆 筆 筆 筆
河	물 하 (氵(水), 8획)	河 河 河 河 河 河 河 河
寒	찰 한 (宀, 12획)	寒 寒 寒 寒 寒 寒 寒 寒 寒 寒 寒 寒
害	해칠 해 (宀, 10획)	害 害 害 害 害 害 害 害 害 害
許	허락할 허 (言, 11획)	許 許 許 許 許 許 許 許 許 許 許
湖	호수 호 (氵(水), 12획)	湖 湖 湖 湖 湖 湖 湖 湖 湖 湖 湖 湖
化	될 화 (匕, 4획)	化 化 化 化
患	근심 환 (心, 11획)	患 患 患 患 患 患 患 患 患 患 患
效	본받을 효 (攵, 10획)	效 效 效 效 效 效 效 效 效 效
凶	흉할 흉 (凵, 4획)	凶 凶 凶 凶
黑	검을 흑 (黑, 12획)	黑 黑 黑 黑 黑 黑 黑 黑 黑 黑 黑 黑